A. J. P. M.

Notre-Dame d'Etang

au XIXe siècle

Son Culte et ses Chapelains

DIJON
IMPRIMERIE JOBARD
9, Place Darcy, 9

1912

NOTRE-DAME D'ÉTANG

AU XIXe SIÈCLE

DÉCLARATION

Conformément au décret du pape Urbain VIII, nous déclarons nous soumettre entièrement au jugement de la Sainte Eglise et ne vouloir prévenir en rien ses décisions, lorsque nous relaterons des faits extraordinaires sur lesquels Elle ne s'est pas encore prononcée.

A. J. P. M.

Notre-Dame d'Etang
au XIXᵉ siècle

Son Culte et ses Chapelains

DIJON
IMPRIMERIE JOBARD
9, Place Darcy, 9

1912

Dijon, le 16 février 1912,

En la fête diocésaine de l'Apparition de N.-D. de Lourdes.

Cher Monsieur le Curé,

De tout cœur j'approuve et je bénis la publication de Notre-Dame d'Etang au xixe siècle, *que votre dévotion, votre zèle, votre dévouement à la très puissante Madone bourguignonne viennent de composer. Vous voulez développer son culte, faire connaître ses bienfaits, exciter la confiance des catholiques d'aujourd'hui, en leur racontant ce que firent les catholiques d'autrefois. C'est une excellente méthode d'apostolat marial. J'ai la conviction que votre pieuse initiative sera couronnée d'un plein succès. Je fais les meilleurs vœux pour que vos efforts soient compris par les fidèles et bénis par Dieu. Je recommande une fois de plus le diocèse de Dijon à la Vierge clémente. En nos temps troublés, son culte plus fervent sera pour tous un gage de paix et de joie véritable.*

Naguère je parlais de Notre-Dame d'Etang au

Saint-Père qui avait accueilli favorablement la demande du couronnement solennel. Cette cérémonie que vous avez hâte, ainsi que tous les serviteurs de Marie, de voir se célébrer, sera la consécration de la vénération, tant de fois séculaire, dont la sainte Image est entourée parmi nous.

Recevez, cher Monsieur le Curé, l'assurance de mes sentiments les plus dévoués en Notre-Seigneur.

† JACQUES-LOUIS,
Evêque de Dijon.

INTRODUCTION

L'an de grâce 1435, le 2 juillet, une petite statue de Notre-Dame était trouvée, sur la montagne d'Etang, dans les circonstances merveilleuses que chacun sait. D'où venait cette statue? qui l'avait déposée là? à quelle date et dans quelle pensée?

L'histoire nous apprend que, du huitième au dixième siècle, pendant les incursions successives des Sarrazins, des Normands et des Hongrois, les évêques et les abbés de France s'ingéniaient, partout, pour soustraire les reliques de leurs saints au danger de profanations toujours menaçantes. Après avoir transporté le corps de leur glorieux patron à Langres d'abord, vers 898, et, après 923, à Saint-Vincent du castrum, les moines de Saint-Bénigne prirent enfin le parti de l'enterrer, pour le dérober plus sûrement à des recherches sacrilèges (1). N'est-ce pas là l'histoire de la statue de Notre-Dame d'Etang, découverte à quelques pas d'un modeste et vieil oratoire, consacré à la Sainte Vierge ? Nous ne pouvons pas affirmer le fait ; mais qui donc voudrait en nier la vraisemblance ?

Aussi bien, il reste qu'à une date qu'il est impossible de fixer, mais qui remonte très haut, la Sainte Vierge s'était choisi, parmi beaucoup d'autres sommets, cette cime de la montagne d'Etang pour y recevoir de particuliers hommages ; et, pendant plus de cinq siècles, on peut suivre, à travers l'histoire, les traces du culte qui répondit à ce désir formel de Marie.

Au début du seizième siècle (1516), le grand prieur de Saint-Bénigne fit élever, sur l'esplanade Saint-Joseph, une seconde

---

(1) Chomton, *Histoire de l'église Saint-Bénigne de Dijon*, p. 78-82.

chapelle, plus accessible à la fois et plus spacieuse que la petite chapelle du sommet. Il avait construit, tout auprès, un nouvel ermitage pour donner asile aux pèlerins et recevoir le solitaire chargé du culte de Notre Dame.

Un siècle plus tard, quand le ministère d'un seul ermite ne répondit plus aux besoins du pèlerinage, l'abbé commendataire, Nicolas de Castille, fit appel aux religieux minimes. « *Pour que Dieu soit honoré et le service divin bien et dûment célébré au contentement de ceux qui ont dévotion audict lieu* », il leur octroya la chapelle et, ensemble, tous les bâtiments de l'ancien et du nouvel ermitage. Dans la suite, il leur permit de construire, avec les aumônes des gens de bien, tels édifices qu'ils jugeaient nécessaires « *pour y tenir les religieux dans les termes d'une honnête clôture, sous la conduite d'un supérieur particulier* ». Il leur concéda enfin plusieurs journaux de friches, pour y installer un jardin, un verger et un vivier.

Reconnu par les lettres patentes de Louis XIII et solennellement approuvé par une bulle d'Urbain VIII (1640), ce monastère, qui, dès 1638, suffisait à recevoir douze religieux, trois frères convers et un grand nombre de pèlerins, prit, peu à peu, sa forme définitive. Souvent, dans ce nouveau sanctuaire de Marie, la sainteté ou la gloire apparut sous des noms chers à la Bourgogne et à la France. C'est là que saint François de Sales et sainte Jeanne de Chantal commencèrent cette union spirituelle de leurs âmes qui devait être si féconde pour l'Eglise. Bossuet y fut consacré à la Sainte Vierge, dès avant sa naissance; et, en compagnie de Marie-Thérèse, il devait plus tard y amener son élève, le dauphin de France. Louis XIV y vint lui-même, à l'heure de sa majorité, pour mettre officiellement, sous le patronage de Notre-Dame, sa personne et son royaume. Et après chacune de ses victoires, Condé y revenait régulièrement, et, comme un filial hommage de sa reconnaissance, il déposait aux pieds de la

Reine des armées, les trophées qu'il avait conquis sur les champs de bataille. Ignorante ou dédaigneuse des plus pures gloires de la France, la Révolution devait disperser les religieux et mettre à l'encan leur monastère.

Cette partie de l'histoire de Notre-Dame d'Etang qui précède la Révolution a déjà été écrite, avec toute l'exactitude que permet la rareté des documents. Pour cette période, il n'y a rien à ajouter ni rien à corriger aux ouvrages du P. Dejoux, de M. Javelle et de M. Chevallier (1). Ces œuvres semblent définitives : ce sont des monuments de sage critique et de vraie piété filiale.

Il n'en va pas de même pour ce qui touche au dix-neuvième siècle. Tout ce qu'en disent ces auteurs est vrai ; mais ils

---

(1) *Histoire de la découverte de l'image miraculeuse de Notre-Dame d'Etang et du culte qu'on lui a rendu jusqu'à présent*, par le P. Dejoux, provincial des Minimes du duché de Bourgogne, 1721 ; *Histoire de Notre-Dame d'Etang*, par M. l'abbé Bernard Javelle, curé de Velars, 1869; *Histoire de Notre-Dame d'Etang*, par l'abbé G. Chevallier, chanoine honoraire de Dijon, 1907.

n'ont pas tout dit, ils ne pouvaient pas tout dire. *L'histoire du P. Dejoux,* complétée par l'abbé Roger, s'arrête au milieu du siècle, à la date où le culte de Notre-Dame d'Etang va prendre son plus bel élan. Sans compter que l'*Histoire de M. Javelle* est, elle aussi, antérieure aux grandes manifestations de 1873 et de 1896, la plus sévère discrétion ne s'impose-t-elle pas à un auteur qui est, en même temps, le premier acteur de l'histoire qu'il raconte ? Il est vrai que l'*Histoire de M. Chevallier* va jusqu'à la date où nous prétendons pousser la nôtre ; mais, outre que l'auteur n'a voulu que rajeunir et mettre au point une histoire générale de Notre-Dame d'Etang, c'est un contemporain qui écrit. M. Chevallier n'a pas, sous la main, tous les documents qu'on a recueillis depuis ; le temps, alors, n'a peut-être pas encore donné à l'histoire sa vraie perspective ; il se peut enfin que des susceptibilités à ménager n'aient pas toujours permis à l'historien de dire toute la vérité.

Aujourd'hui, le moment semble venu d'écrire l'*Histoire de Notre-Dame d'Etang au dix-neuvième siècle*. Nous nous inspirerons largement des monographies déjà parues ; mais nous voudrions les compléter par l'analyse et la mise en œuvre de documents nouveaux. Nous osons affirmer qu'il n'y a, dans les pages qui vont suivre, aucun détail qui ne s'appuie sur les pièces les plus authentiques. Comme celles qui l'ont précédée, cette œuvre est donc une œuvre de bonne foi ; comme elles aussi, nous souhaitons qu'elle demeure comme un monument de piété filiale qui serve au bien des âmes et à la gloire de Notre-Dame d'Etang.

CHAPITRE PREMIER

L'œuvre de la Révolution.

Pourquoi essayer, ici, une nouvelle description de la vallée de l'Ouche, où s'abrite le village de Velars et que domine la montagne d'Etang ? Tous les lecteurs ont parcouru ce vallon, étroit et délicieux, couché entre deux lignes de coteaux rocailleux ou boisés, capricieusement découpé en son milieu par les méandres de l'Ouche, semé çà et là, jusque dans les lointains vaporeux, de prairies, de jardins et de villages, auquel le canal de Bourgogne et la grande voie ferrée de Paris à Lyon, avec ses tunnels béants et ses viaducs vertigineux, ont donné plus de pittoresque et de vie, sans presque rien lui enlever de sa beauté naturelle. Tous aussi connaissent, pour l'avoir gravie souvent, par dévotion ou par plaisir, la belle montagne d'Etang ; mais, si les plus âgés se rappellent les ruines qui, naguère encore, couvraient une partie du plateau Saint-Joseph, il n'est plus aujourd'hui de vieillard qui ait vu le couvent des Minimes, lorsque, à mi-côte, il jetait sa note, joyeuse et accueillante, au milieu des sombres verdures et des guérets dorés.

C'est ce couvent qui, avant la Révolution, gardait, dans sa chapelle, la statue miraculeuse de Notre-Dame d'Etang. L'inventaire, dressé par les officiers mandataires de l'Assemblée nationale, constatait qu'il pouvait fournir un logement honnête à dix religieux dont chacun aurait sa chambre, un jardin et un verger de deux arpents. Des notes recueillies aux archives de Dijon, quelques fouilles faites sur l'esplanade permettent de restituer et de situer, avec assez de vraisemblance, les différentes pièces qui le composaient, à la fin du dix-huitième siècle (1).

Quand le pèlerin fatigué abordait le pla-

---

(1) Voir aux pièces justificatives n° 2.

teau Saint-Joseph à l'ouest, par le chemin de Fleurey, il rencontrait d'abord les dépendances du monastère. A sa droite, l'hôtellerie dont les caves subsistent encore et qui suivait, à quelque distance, la ligne du rocher qui la surplombait ; à sa gauche, des bâtiments destinés sans doute à servir de remise et d'écurie. La partie libre du plateau s'étendait devant lui, jusqu'à la chapelle et au monastère, qui le coupaient, à cinquante mètres environ, dans la direction du sud-est au nord-ouest. L'autre partie, avec les coteaux qui la prolongent au nord-est, était enfermée dans la clôture du couvent. Deux portes permettaient d'y pénétrer : la porte des religieux, qui s'ouvrait sur le chemin boisé de la source Sainte-Anne; la porte des hôtes, dont l'appareil en pierres de taille était toujours debout, il y a trente ans. C'est par cette dernière porte seulement que les étrangers avaient accès au couvent, et, aussi bien, c'est le chemin que nous suivrons nous-mêmes.

A peine entrés, nous avons, à notre droite, l'emplacement du monastère qui s'accoudait à la roche et offrait au soleil levant les huit ouvertures de chacun de ses deux étages.

Toutes les dépendances étaient au sud ; en avant, la cour intérieure et le potager se partageaient le plateau ; puis, au nord-est, le verger dévalait tout le long du coteau : il en reste une centaine d'arbres fruitiers et l'on peut y voir encore le bassin qui servait alors de vivier. A gauche de la large avenue où nous nous sommes introduits, la chapelle s'élevait, bâtie sur une crypte. Comment était orientée cette chapelle ? L'entrée de la crypte qui subsiste encore, fait supposer que son chevet regardait le sud-est. Une pierre sculptée, recueillie parmi les décombres, permet de croire aussi que ce monument avait un style ; mais il semble difficile d'en préciser le caractère. Enfin, le cimetière des religieux entourait-il leur chapelle ? Malgré la découverte récente d'une tête de mort, mise à jour un peu en avant de l'entrée de la crypte, il nous paraîtrait téméraire de l'affirmer sans réserve.

Au reste, l'exacte restitution des lieux que nous venons de tenter, importe assez peu à notre but. Quoi qu'il en soit de tous ces détails, un peu troublants pour l'historien, il reste certain que le couvent des Minimes fut, jusqu'à la Révolution, le centre et l'âme du pèlerinage d'Etang. C'est dans sa chapelle que les pèlerins, isolés ou en petits groupes, faisaient leurs dévotions. Et aux jours des grandes manifestations de foi, quand la chapelle devenait insuffisante, on dressait un autel en plein air : un rocher, situé près de la fontaine, servait de chaire ; et, après l'office, le gazon de la pelouse, l'ombre des tilleuls, l'eau de la source, sans oublier les ressources de l'hôtellerie, fournissaient aux pèlerins un confort presque luxueux.

Telle nous apparaît la dévotion de la Bourgogne à Notre-Dame d'Etang, lorsque, sur la proposition de Talleyrand, énergiquement soutenue par Mirabeau, qui voulait « décatholiser la France », l'Assemblée constituante décréta, le 2 novembre 1789, que les biens ecclésiastiques étaient mis à la disposition de la Nation. Pour pallier un peu cette spoliation et surtout pour mettre à la discrétion de l'Etat l'existence même du clergé, le même décret accordait à chaque curé une dotation annuelle d'au moins 1,200 livres. Quelques mois plus tard (février 1790), un nouveau décret supprimait d'un trait de plume « les ordres et congrégations de France, sans qu'on puisse à l'avenir en établir d'autres » : c'était la mort sans phrase pour le clergé régulier. Quant au clergé séculier, qu'on avait voulu d'abord domestiquer par le traitement, la constitution civile devait l'organiser en église nationale, c'est-à-dire schismatique (1).

Hier, comme aujourd'hui, on commença par l'*inventaire* l'application des lois sacrilèges. Ce fut le 15 mai 1790 que les religieux Minimes virent se présenter chez eux les officiers municipaux, avec un mandat de l'Assemblée nationale. Il y avait là, pour les recevoir, deux religieux, les RR. PP. Goujon et Gacon, et un oblat, Joseph Miodon.

L'histoire locale garde, avec le nom des inquisiteurs, le témoignage authentique de leur odieuse besogne. Après avoir demandé les titres et papiers qui constatent les revenus du monastère, ces agents parcourent toute

---

(1) Nos modernes jacobins ont changé la formule de Mirabeau ; leur but reste le même ; et pour l'atteindre, ils n'ont pas même su trouver d'autres moyens. Sans vergogne, la franc-maçonnerie prend, dans l'arsenal révolutionnaire, des armes rouillées, vieilles de plus d'un siècle et qui ont procuré une honteuse défaite à ceux qui les ont essayées, une première fois, contre l'Eglise. Tactique pitoyable ! misérables adversaires !

la maison, de la chapelle jusqu'à la cuisine. On voit figurer dans leur procès-verbal, à côté d'un soleil, de deux ciboires, de trois calices..., les ustensiles nécessaires au service de table. Sur cette pièce officielle, catalogue parfois grotesque des objets les plus disparates, la statue miraculeuse se trouve désignée *comme la relique d'une sainte Vierge appelée Notre-Dame d'Etang*.

Quelques jours après cette opération, le 21 mai, on mit à l'encan, sur le marché de Dijon, et on vendit à vil prix les immeubles du couvent. Une fois vendus, on devait les débarrasser au plus vite de leurs légitimes propriétaires. Entre temps, le mobilier tout entier, vases sacrés, ex-voto d'or et d'argent, cloches, tableaux, boiseries... s'en allaient peu à peu au chef-lieu du district, auquel la loi en attribuait la libre disposition. Les saintes reliques, jugées sans valeur, étaient profanées sur place et jetées au vent. Au milieu de ce pillage impie, qu'allait devenir l'image de Notre-Dame d'Etang ?

Sa présence sur la montagne où elle avait été trouvée était, pour la commune de Velars, en même temps qu'un gage de la protection de Marie, une source de richesse.

Les pays environnants enviaient à l'heureux village ces avantages de tout ordre. Sur l'inspiration de son curé, Charles Chesnau, qui avait à se faire pardonner son apostasie, la commune de Plombières entreprit de faire valoir de prétendus droits auprès de Volfius, l'évêque constitutionnel de la Côte-d'Or. A l'en croire, son titre de cure, les vastes proportions de son église, la proximité de Dijon la désignaient, sans conteste, pour recueillir le précieux héritage des Minimes.

Par arrêté du district, et après avis favorable de Volfius, on communiqua la requête de Plombières aux habitants de Velars. Ceux-ci y répondirent dans un long plaidoyer qui respire, tour à tour, l'indignation la plus vive et la plus sincère piété. Ils y discutent avec force et ils réfutent avec succès les mauvaises raisons de leurs injustes compétiteurs ; ils rappellent au corps administratif leurs propres droits, plusieurs fois séculaires ; ils promettent enfin, s'il est nécessaire, d'ajouter à leur église une chapelle qu'ils construiront et entretiendront à leurs frais. Il leur semble impossible que la Révolution, dont ils sont les partisans zélés, ait chez eux les tristes effets qu'ils redoutent ; ils espèrent, au contraire, que les officiers du district et M. l'Evêque calmeront leurs alarmes et ordonneront de transférer l'*Image d'Etang* à l'église de Velars (1).

Le 13 avril, le district sollicita l'*avis* de Volfius sur la demande contradictoire de Plombières et Velars ; il pressentait, en même temps M. l'évêque sur la date à fixer et le mode à choisir pour la translation de la statue miraculeuse.

Après avoir examiné les mémoires du conseil général des deux communes et pesé les raisons qu'alléguait chacune des requêtes, Volfius *fut d'avis* qu'on devait transférer l'image de Notre-Dame d'Etang dans l'église de Velars. Sa décision s'inspirait d'une raison juridique et d'une considération humanitaire. Par une possession immémoriale, les habitants de Velars avaient acquis la propriété de l'image

---

(1) Nous avons pensé que ce document important intéresserait vivement nos lecteurs. Il est tout à la gloire des habitants de Velars. Leurs descendants y verront quels généreux sentiments firent battre les cœurs des ancêtres pour la défense de Notre-Dame ; ils en déduiront facilement quels devraient être les leurs, s'il fallait en revenir à de pareilles extrémités. Voir, pièces justificatives, n° 3.

qui se trouvait depuis très longtemps sur leur territoire; aussi bien, la céder à Plombières, ce serait les priver, contre tout droit, des avantages que leur procure le concours des voyageurs, et enlever même à plusieurs familles pauvres leur principal moyen d'existence. Rien n'était plus juste.

Mais, parce que les Révérends Pères Minimes devaient, à bref délai, quitter définitivement le couvent, après le départ des religieux, les fidèles ne pourraient plus porter, dans la chapelle de la montagne, leurs prières et leurs vœux. Si l'on voulait voir se continuer, sans interruption, les hommages de la piété populaire en l'honneur de la statue de Notre-Dame d'Etang, il convenait d'en hâter la translation. Volfius *fut d'avis* qu'on la fixât au dimanche 1er mai.

Il formulait enfin *un dernier avis* sur le cérémonial qui devait assurer la solennité de cette fête religieuse. Il désirait que, présidés par leur pasteur ou son représentant, escortés par le conseil général de la commune, les fidèles se rendissent processionnellement à l'église des Minimes pour y recevoir l'objet de leur vénération. En revenant à l'église de Velars, ils pourraient chanter les litanies de la Vierge ou des hymnes et des cantiques en son honneur.

Le Directoire du district appuya l'*avis* (1) de M. l'évêque; et un arrêté du département, en date du 29 avril, le rendit exécutoire. Un enthousiasme, facile à comprendre, accueillit cette bonne nouvelle dans la commune de Velars; le 1er mai de l'an de liberté II (an de grâce 1791) restera sans doute la date la plus heureuse de son histoire.

Vers les trois heures de ce jour, les officiers municipaux et le procureur de la commune convoquèrent tous les habitants. A ceux-ci s'étaient joints de nombreux pèlerins, accourus de toutes les paroisses voisines. Aussitôt, le cortège se forma : un garde national maintient l'ordre; M. J.-B.-L. Mignard, vicaire de la succursale, préside.

---

(1) N'est-il pas intéressant — et opportun aussi — de noter ce que la Constitution civile du clergé avait fait de la juridiction épiscopale ? Même dans les choses du culte, l'évêque *donne un avis ;* c'est le pouvoir civil qui *décide.* Tout de même dans la loi que ses auteurs — fourberie ou ironie — appellent *de séparation.* C'est le Conseil d'Etat qui devait trancher, en dernier ressort, des questions vitales, d'ordre purement ecclésiastique. Aujourd'hui, comme autrefois, on proclamait la supériorité du pouvoir civil en matière religieuse.

Quand la procession arriva à l'entrée de l'église des Minimes, le maire se détacha pour prévenir le R. P. Gacon, correcteur du couvent. On entra dans la chapelle et le supérieur des religieux remit à M. Mignard la statue miraculeuse. Pendant le retour, à la douce mélopée des litanies de Notre-Dame, succéda le chant triomphal d'hymnes religieuses qui respiraient la foi et l'amour. Et sous la chaude caresse d'un radieux soleil, la Vierge d'Etang vint prendre possession de son nouveau sanctuaire; son premier trône fut le grand autel de l'ancienne église de Velars.

Pour obéir à une prescription de Volfius et répondre au désir du R. P. Gacon, on dressa enfin procès-verbal de la translation. Signèrent cette pièce, avec le P. Gacon, E. Contet, maire; F. Rondot, procureur; Dumay et Dangeville, officiers municipaux.

Bientôt après, les deux derniers religieux quittèrent le couvent et allèrent finir pieusement leur vie dans deux paroisses de Saône-et-Loire. Avant qu'un vol sacrilège dépouillât la chapelle du monastère de tous les objets du culte, les officiers municipaux de la commune obtinrent du district la permission de garder, pour leur église, le maître-autel, la chaire et le confessionnal : ces précieuses reliques forment encore un des plus beaux ornements de la nouvelle église de Velars.

Cependant, le 12 juillet 1790, de sa propre autorité, l'Assemblée nationale avait bouleversé la constitution de l'Eglise, pour en faire une branche de l'administration publique. La *Constitution civile* du clergé, qui mettait en conflit le pouvoir de l'Etat et la conscience catholique, venait de déchaîner la persécution. A cette nouveauté schismatique, le clergé devait souscrire par un serment solennel. Celui qui le refusait devenait *réfractaire :* il était destitué de ses fonctions ; et, s'il les continuait, on le poursuivait et on le condamnait comme rebelle à la loi.

Sur cent trente-quatre archevêques ou évêques, quatre seulement prêtèrent ce serment. D'un seul coup, on destitua quarante-six mille prêtres qui l'avaient refusé ; et, pour les remplacer, on alla chercher des moines défroqués ou d'un aloi douteux.

L'abbé Jean-Jacques Dubois sortait-il d'un monastère ou appartenait-il déjà au clergé séculier, il est difficile et aussi bien il importe peu de le savoir. Ce prêtre arrive à Velars, le 2 octobre 1791, comme vicaire de Charles

Chesnau, curé assermenté de Plombières. Sur l'invitation du procureur de la commune, il produit sa lettre de nomination, et le dimanche, après le troisième coup de la messe, devant un grand nombre de fidèles, il jure de maintenir de tout son pouvoir la constitution décrétée par l'Assemblée nationale. Dans la suite, ce malheureux pasteur renouvelle ce serment sacrilège autant de fois qu'il lui est utile. Il livre au district tous les objets d'or, d'argent, de cuivre et d'étain qui servaient au culte. En mai 1794, il débarrasse, par ordre, la chapelle de Notre-Dame d'Etang « des restes du fanatisme »; et, quand un arrêté municipal a converti l'église de Velars en un temple de la Raison, il en fait enlever tous les signes de la religion et adresse *au dépôt* du district jusqu'aux linges et ornements (1).

Comment refuser *au citoyen Dubois* le certificat de civisme qui lui est nécessaire pour toucher sa pension à la dette publique? Non seulement on le lui accorde volontiers, mais

---

(1) Tous ces détails sont empruntés à des procès-verbaux de l'époque ; l'abbé Dubois, qui figure dans le dernier comme *ex-ministre du culte catholique*, les a tous signés.

il devient, en 1796, officier municipal et juge de paix, à partir de 1799.

Malgré ses apostasies plusieurs fois renouvelées, le vicaire de Velars exerce cependant sans interruption son ministère sacerdotal. Même en pleine Terreur, il baptise, il marie *suivant le rite de l'Eglise catholique;* au bas de tous ses actes, on lit, avec son nom, son titre de *prêtre desservant de la paroisse.* Dès qu'une loi de la Convention remet l'église à la disposition des communes, pour l'exercice du culte (1795), l'abbé Dubois déclare au conseil général qu'il reprendra, dans son église, les fonctions de ministre du culte catholique. Et ainsi les offices du dimanche remplacent aussitôt, à Velars, les réunions *décadaires,* où un officier municipal donnait à ses concitoyens l'éducation civique et morale.

Mais que devenait, en ces jours troublés, la dévotion à Notre-Dame d'Etang ? Il est intéressant et c'est justice de noter qu'il n'est pas question de sa statue miraculeuse dans aucun des inventaires que signa l'abbé Dubois. Quant à son culte, il semble bien que, sans avoir plus d'éclat extérieur, il ne fut jamais complètement oublié.

Pendant quelque temps, la Vierge d'Etang continue de recevoir les hommages publics des pieux fidèles. Sensible sans doute à la raison humanitaire qui motivait la décision de Volfius, la Révolution voyait, dans cette forme du fanatisme, sinon une source de profits personnels, du moins un moyen d'attirer les pèlerins et de faire vivre les habitants de la commune. Ce calcul tout humain, qui transformait en sentinelles vigilantes des spoliateurs sacrilèges, servit d'abord les vues de la Providence.

Mais il fallut bientôt (1793) songer à mettre la statue à l'abri des profanations menaçantes. On pratique une ouverture dans le mur de l'église et on y enferme l'image miraculeuse. Vers la même date, avec la permission de Volfius, maître J.-A. Chauvenault bénit, en l'église des Dames carmélites de Dijon, une statuette de la Vierge, où on lit une inscription, dont je ne retiens ici que les premiers mots : « *Vray portrais de l'Image miraculeuse de Notre-Dame de l'Etang, trouvée près Dijon, en 1436, où elle subsiste toujours...* » Pourquoi l'évêque et l'aumônier se sont-ils ainsi concertés pour bénir cette statuette ? Etait-ce pour donner le change aux révolutionnaires et leur faire oublier le sanctuaire de Notre-Dame d'Etang ? Voulaient-ils seulement entretenir vivant, parmi les Dijonnais, un culte qui, bien des fois dans le passé, avait sauvé leur ville ? Il semble qu'on peut, sans invraisemblance, leur prêter cette double intention.

Cependant, la statue miraculeuse n'échappait aux fureurs irréligieuses que grâce à l'habile complicité et à la parfaite discrétion de l'abbé Dubois et de quelques-uns de ses paroissiens. Leur geste, héroïque pour l'époque, les montre dignes de la confiance de Volfius et consacre à jamais, devant l'Eglise, leur titre de propriété. Il prouve aussi que le culte de Notre-Dame d'Etang allait demeurer, pendant toute cette période, l'heureux secret de quelques âmes d'élite. Sous les regards étonnés, ces fidèles entrent souvent dans leur église désolée : ils s'agenouillent toujours à la même place, le corps tourné vers le tabernacle vide, mais l'œil fixé sur un point invariable de la muraille ; ils honorent Marie, invisible et présente, comme les premiers chrétiens, dans les catacombes, faisaient pour les reliques de leurs martyrs. Le dimanche, pendant la messe sacrilège du prêtre apostat, ils supplient la Mère des pécheurs de prendre en pitié le troupeau et son indigne pasteur. On les retrouve même aux fêtes civiques des *decadis* : tandis qu'un intrus prétend prouver aux citoyens que « le culte digne de l'Etre suprême est la pratique des devoirs de l'homme », ils égrènent silencieusement leur chapelet et prient la Reine du ciel de faire à nouveau germer sur notre terre la fleur divine de la charité. Il faut bien avouer sans doute que le fleuve de grâce qui autrefois descendait, majestueux, de la montagne d'Etang, n'est plus, dans la vallée, qu'un humble filet d'eau ; mais, au jour des résurrections, ce filet, Dieu merci ! permettra de retrouver la source perdue.

Et encore, si modeste qu'il soit, il n'en procure pas moins de précieuses faveurs au sol qu'il continue d'arroser. L'abbé Dubois ne fut-il pas des premiers à recueillir les fruits d'un culte qu'il avait sauvé ? Il faut se garder d'une sévérité excessive à l'égard de cette âme sacerdotale, pétrie des erreurs gallicanes et perdue de mesquine ambition, victime à la fois de son aveuglement et de sa faiblesse. On aime à croire qu'aux heures salutaires du remords, ce prêtre malheureux venait, lui aussi, s'agenouiller aux pieds de Notre-Dame d'Etang ; il reste du moins que, pour obéir à un instinct vivace de piété filiale, il fut jusqu'au bout, et à ses risques et périls, le gardien fidèle de sa statue miraculeuse. Marie lui paya ses services en grâces de conversion. Au début de l'année 1803, il rentre dans le sein de l'Eglise catholique : pour obéir aux prescriptions du Saint-Siège, il donne sa démission ; et peu après, l'autorité légitime le nomme curé de Grenand, au doyenné de Sombernon.

Quant aux bâtiments du monastère, glorieux et mélancoliques vestiges d'un passé qui allait disparaître, ils n'avaient pas trouvé d'acquéreur dans le pays. Ce fut un Parisien, M. Mollerat, révolutionnaire impie, qui les acheta pour la modique somme de onze mille livres. Ce marché sacrilège ne lui porta point bonheur : il fut détesté dans la commune, accusé devant le tribunal révolutionnaire « pour sa coupable négligence, et comme citoyen d'aucune utilité » ; sa fille mourut jeune ; et après une vie malheureuse et méprisée, lui-même, nous dit un vieillard, se noya dans son vivier.

Vers 1800, le domaine de Notre-Dame

d'Etang passa entre les mains d'un riche et pieux Anglais. M. Charbonnière, qui vivait ordinairement au château de Plombières (1), s'installait, quelques mois chaque année, dans sa propriété de Velars : sa femme et ses trois filles ont laissé dans le pays un souvenir vivace d'inépuisable charité. Mais, peu à peu, les parties les mieux conservées du monastère devinrent inhabitables ; et bientôt, par suite sans doute des difficultés que présentaient l'entretien ou les réparations, tout fut abandonné. Dans un louable sentiment de piété, M. Charbonnière sauva cependant le pavé de la chapelle, qui devint, à Plombières, le pavé de la chapelle Saint-Sébastien ; mais tout le reste fut, dès lors, livré à un vrai pillage... A mesure qu'elles se désagrégeaient, chacun emportait les pièces qui étaient à sa convenance. Aujourd'hui, un seul pan de mur toujours debout (2) et deux murs à fleur de terre, qui formaient autrefois l'entrée de la crypte, indiquent aux visiteurs l'orientation générale

---

(1) Ce château forme la partie centrale des bâtiments actuels du petit séminaire.

(2) On a dû tout récemment jeter bas ce dernier pan de mur devenu dangereux pour les visiteurs qui en approchaient (1911).

des anciens bâtiments ; sur le reste de la place, des amas de mauvaise pierre et de sable brûlé recouvrent les fondations ou obstruent l'accès des parties souterraines du monastère disparu.

Mais, dès l'année 1810, on ne pouvait plus songer à rendre à sa destination première la chapelle de l'esplanade. L'église paroissiale devenait donc, par la force des choses, ou, pour parler chrétien, par la volonté de Dieu, le sanctuaire privilégié qui garderait à l'avenir l'image de Notre-Dame d'Etang. Cependant, une pieuse inspiration allait rouvrir au culte la petite chapelle du sommet de la montagne. Cette chapelle devait rester, à travers les âges, comme le monument commémoratif du lieu où fut découverte la statue miraculeuse ; elle offrirait aussi un but d'abord plus difficile, aux pèlerins qui solliciteraient de la Sainte Vierge de plus précieuses faveurs ou qui voudraient donner à leur Mère un témoignage plus touchant de piété filiale ou de surnaturelle reconnaissance.

CHAPITRE II

Lente restauration du culte.

Aussitôt après le départ de l'abbé Dubois, l'évêque de Dijon avait annexé la paroisse de Velars à celle de Fleurey. Durant plus de trente ans (janvier 1803-octobre 1833), Velars resta sous la juridiction des curés voisins de Fleurey ou de Plombières. Dans cette période, le culte de Notre-Dame d'Etang redevient public; mais il végète longtemps, sans retrouver l'éclatante popularité qu'il avait avant la Révolution.

On ne peut s'en étonner, quand on connaît le détail de l'histoire religieuse de France à cette date. Dans sa pensée, comme entre ses mains, la religion catholique fut, pour Napoléon, un instrument de règne. Sans cesse, il travaille à subjuguer le pape, à fortifier dans le clergé l'esprit gallican, à rompre les nœuds de la hiérarchie catholique. Derrière chacun de ses caprices, il y a, au besoin, la contrainte physique, la prison ou l'exil. Aucun séminariste ne devient sous-diacre sans l'aveu du gouvernement; et Napoléon maintient toujours le nombre des ordinands bien au-dessous du strict nécessaire. Il incorpore dans ses armées ou il envoie à Sainte-Pélagie, à Bicêtre, à Pignerol, les séminaristes et les prêtres qui, pour obéir au pape ou à leur évêque, désobéissent au pouvoir civil; quand un évêque ne lui donne pas pleine satisfaction, il lui interdit ordinations et nominations. Un tel patronage de l'Etat, autoritaire et tyrannique, pouvait égarer dans le schisme la renaissance religieuse; il entrava du moins l'organisation de l'Eglise catholique, où affluaient les âmes meurtries des violences de la Révolution.

Après l'administration de son évêque constitutionnel, le diocèse de Dijon souffrit plus que tout autre de ces entraves officielles. Outre quelques sujets étrangers, le nouvel évêque, Mgr Raymond, n'avait à sa disposition que des prêtres âgés, souvent fatigués par les misères de l'exil, ou d'anciens constitutionnels, singulièrement diminués dans l'opinion publique par le serment qu'ils avaient prêté.

Ce fut l'abbé Guillot, un prêtre du Dauphiné, qui fut nommé curé de Fleurey et desservant de Velars. Il consacra à réveiller la vie chrétienne dans la paroisse où il résidait, la plus grande partie de son temps et les plus généreux efforts de son zèle. Velars en souffrit : le curé n'y paraissait que pour les devoirs urgents de son ministère ; encore, ne retrouve-t-on, dans les registres paroissiaux, aucun acte de catholicité antérieur à 1821. Etranger du reste aux traditions locales, l'abbé Guillot ne sut probablement jamais le rôle providentiel qu'avait joué le culte de la Vierge d'Etang dans l'histoire du pays ; pendant les quinze années de son ministère, il se prêta sans plus aux exigences d'une dévotion qui lui apparaissait comme le luxe des grands jours ; peut-être même ne songea-t-il jamais à rouvrir aux pèlerins de Notre-Dame la petite chapelle de la montagne.

Heureusement, la piété populaire, qui avait sauvé la statue des fureurs de la Révolution, continuait à Notre-Dame d'Etang des hommages tout spontanés. Dès que la prudence l'avait permis — et il est difficile d'en préciser la date, — on avait retiré la sainte image de son humble cachette, et la Reine du ciel reprenait place, ici-bas, sur son trône de miséricorde. Emus et reconnaissants, les habitants de Velars furent les premiers à se presser autour de l'autel restauré de leur Vierge miraculeuse. Et, bien avant la fête solennelle de 1817, qui devait rendre au culte la chapelle de Notre-Dame d'Etang et continuer publiquement une tradition séculaire, de nombreux pèlerins suivirent leur exemple.

On l'avait bien jusqu'ici conjecturé et sans témérité ; mais aucun document authentique ne permettait de l'affirmer sans réserve. Un dévot de Notre-Dame d'Etang vient d'ouvrir pour nous ses souvenirs de famille et nous donne un récit, assez court et très suggestif, d'un pèlerinage à Velars, qui remonte au début du dix-neuvième siècle.

C'était vers 1810 et plutôt avant qu'après : peu importe le mois et assez peu même le chiffre exact de l'année. *Plusieurs femmes* partirent de Curtil pour faire à pied leur pèlerinage à Notre-Dame d'Etang : parmi celles-ci, se trouvait la servante du curé,

M. l'abbé Febvret ; elle emmenait avec elle le neveu de son maître, encore enfant. L'aller se fit sans difficulté. Après avoir achevé ses dévotions, la petite caravane déjeune à Velars ; on couronna le déjeuner — un déjeuner de fête — avec une tarte aux cerises, achetée sur place, sans doute dans la boutique d'un pâtissier. Le retour fut plus pénible. Epuisé de fatigue, dans les bois qui avoisinent Curtil, l'enfant ne pouvait plus faire un pas ; la peur du loup dont on le menaçait, lui rendit quelque énergie ; mais il arriva à la cure dans un si piteux état que son oncle se fâcha. Surprise et un peu confuse, la servante allégua, pour toute excuse, que la Sainte Vierge le guérirait.

L'enfant, en effet, devint vieillard ; et c'est son petit-fils qui, après l'avoir entendu de sa bouche, nous fait confidence de ce récit, dont, à l'occasion, il appuierait tous les détails sur la foi du serment.

Pour ne rien exagérer, il faut avouer qu'il n'y a pas là de quoi satisfaire notre pieuse curiosité. Et pourtant, l'installation, même provisoire, d'un pâtissier dans ce pauvre village de Velars ne prouve-t-elle pas qu'il y avait dans ce sanctuaire, au moins à certains jours de la belle saison, une assez grande affluence de pèlerins ? Et qui n'admirerait, chez ces paysannes de Curtil, cette foi robuste et naïve qui ne compte pas plus avec les miracles qu'avec les kilomètres ? Aussi bien, cela suffit à conclure — et nous n'avons pas d'autre prétention — que le silence de quinze années qui, en pleine restauration religieuse, entoure le culte de Notre-Dame d'Etang, n'est pas du tout le silence de la mort.

L'abbé Guillot desservit Fleurey et Velars jusqu'au 20 mai 1817. La même année, l'abbé Faivre lui succéda. C'était un prêtre pieux et modeste, entièrement dévoué à son troupeau : son inépuisable charité lui gagnait tous les cœurs ; aussi, les six années de son ministère furent-elles des années vraiment fécondes.

On peut dire que c'est M. Faivre qui restaura, à Velars, la vie paroissiale. Après avoir demandé leurs comptes aux différents détenteurs des biens de fabrique, il consacra à réparer l'église toutes les ressources dont il disposait. Par ses soins, le clocher fut recouvert, le plafond refait, le pavé relevé ; un banc d'œuvre fut construit qui contenait quatre stalles et la chapelle Sainte-Anne reçut le confessionnal. Il réorganisa la fabrique, apura les comptes, fixa la date des réunions et défendit ses droits jusque contre les entreprises de la municipalité. Sous son inspiration, le maire, dans différents arrêtés, défendit aux aubergistes de donner à boire pendant le temps des offices, interdit de s'attrouper aux mêmes heures, devant les portes de l'église, et ordonna de veiller à la propreté des rues, chaque fois qu'il serait nécessaire pour le service du culte. C'était, dans toute la force du terme, une résurrection.

Le culte de Notre-Dame d'Etang devait, lui aussi, largement profiter de ce zèle. Depuis qu'Elle était sortie de son humble cachette, la Vierge miraculeuse ne voyait guère, autour de son autel, que des pèlerins isolés : à peine, de temps à autre, quelques petits groupes de fidèles essayaient en vain de faire revivre une tradition séculaire qui menaçait de sombrer à jamais dans l'oubli. Il était urgent de rendre enfin au pèlerinage de Velars sa vie régionale. Pourquoi le pays ne viendrait-il plus, chaque année, à date fixe, chanter à Marie sa confiance et son amour ?

pourquoi, dans les calamités publiques, la Bourgogne entière, représentée par l'élite de sa population, ne reprendrait-elle pas, comme par le passé, le chemin de Velars pour se jeter, dans un geste de suprême espoir, aux pieds de Notre-Dame d'Etang ?

Ce fut là sans doute le rêve de M. l'abbé Faivre, et les circonstances semblèrent d'abord le servir à souhait. M. Brenet, docteur assez en vogue à Dijon et député à l'assemblée nationale, avait, à Fleurey, une maison de campagne où, chaque année, il passait quelque temps. A peine le nouveau curé était-il installé, que son paroissien devenait acquéreur du bois et de la chapelle de Notre-Dame d'Etang. Il y avait là une coïncidence providentielle. Aussitôt, le curé et le docteur se concertèrent pour rendre au culte la chapelle de la montagne. Et le 8 septembre 1817, on célébra à Velars une fête solennelle, la première en date depuis la Révolution.

Que fut cette fête ? L'évêque de Dijon vint-il, lui-même, présider cette cérémonie ? Vit-on là quelques survivants de l'ancienne abbaye de Saint-Bénigne, puisque aussi bien c'était un des abbés qui, en 1436, tout après la découverte de la statue, avait fait reconstruire cette petite chapelle ? Les autorités locales tinrent-elles à honneur de prendre rang, comme autrefois, dans le cortège officiel ? Y eut-il enfin, dans tout le pays, un réveil de l'ancienne foi, un tressaillement de cet amour qui avait inspiré, dans les siècles passés, de si éclatantes manifestations ? Le souvenir vivace que cette fête laissa parmi les habitants de Velars, permet de tout supposer ; mais l'absence de documents authentiques impose à l'historien la plus expresse réserve.

Au milieu de tant d'incertitudes, il est, du moins, un fait indiscutable et qui suffit à réjouir les fidèles serviteurs de Notre-Dame d'Etang. Après une période de complet silence, voici que les échos de la montagne apprenaient, de nouveau, à répéter les louanges de la Mère de Dieu. Vraiment, l'abbé Faivre avait bien mérité, et de Notre-Dame d'Etang, et de ses nombreux pèlerins.

Un si heureux début faisait favorablement augurer de l'avenir. Mais il semble que Dieu ait voulu ménager des étapes dans cette résurrection du passé. A peine quelques années s'étaient-elles écoulées, qu'une seconde fois, le docteur Brenet paraît avoir été encore auprès de M. Faivre, l'instrument de la Providence. C'est lui, dit-on, qui désigna cet excellent prêtre au choix de Mgr de Boisville, qui cherchait un supérieur pour son petit séminaire. Et, en 1824, le curé devenait supérieur de Plombières.

M. Faivre emportait du moins, de son premier ministère, un culte tout filial pour Marie. Il fonda, à Plombières, la confrérie de la Sainte Vierge; et, tous les dimanches, après la prière du matin, les jeunes congréganistes récitaient en commun les matines *de Beata*. N'est-ce pas cette dévotion à la Sainte Vierge, invoquée surtout sous le vocable de Notre-Dame d'Etang, qui procura alors au petit séminaire une prospérité qu'il n'a jamais connue depuis ?

Cependant, le passage de M. Faivre à Fleurey, si rapide qu'il eût été, avait rendu au culte de Notre-Dame d'Etang un peu de sa vitalité première. Les villages voisins reprenaient volontiers le chemin de Velars ; et de tous côtés, les pèlerins venaient renouveler, au sanctuaire de Marie, les hommages et les supplications de leurs ancêtres. Il semble bien aussi que, dès cette époque, la

Sainte Vierge ait voulu, par d'éclatantes faveurs, affirmer à nouveau son puissant patronage.

Je ne résiste pas au plaisir d'en citer un exemple. Ce trait édifiant se transmet, comme une tradition respectée, dans une famille de Fleurey. On ne peut guère discuter son authenticité et, par surcroît, il montre bien comment la dévotion à Marie, partout et toujours, souvent même à notre insu, nous conduit ou nous ramène à Dieu.

C'était vers 1820. Un matin de Pentecôte ou de Fête-Dieu, Jean Rouette, de Fleurey, était allé ramasser des branches mortes dans le bois de Notre-Dame d'Etang. Il se préparait à fagoter sa provision, lorsqu'il vit une statuette passer, en les effleurant, sur les fagots qu'il allait lier. Aussitôt, la pensée lui vint que ce ne pouvait être que la Vierge d'Etang, qui lui reprochait son travail. Il revint en hâte au village, raconta le fait, confessa sa faute et jura d'observer fidèlement désormais la loi du dimanche. Il tint parole; et, pour remercier Dieu et sa sainte Mère, M. le curé de Fleurey conduisit sa paroisse en pèlerinage, au lieu même où s'était accompli le prodige.

Le ciel et la terre se concertaient donc pour rendre à Notre-Dame d'Etang son antique popularité. Mais, à mesure qu'elle lui revenait, on sentait renaître, autour de la statue miraculeuse, des compétitions qui, sous le couvert de motifs surnaturels, s'inspiraient, peut-être trop souvent, d'intérêts sensibles et de sentiments humains.

Il y eut même, dans un pèlerinage de cette date, une véritable tentative d'enlèvement, dirigée contre cette statue. Sans s'accorder sur les détails, plusieurs vieillards du pays sont unanimes, aujourd'hui encore, à affirmer un fait, qui souleva le village tout entier et laissa, dans leur imagination d'enfants, une impression inoubliable. Etait-ce un prêtre de la ville ou trois religieux minimes qui se mirent à la tête de Dijonnais pour risquer ce coup de force? Le complot se trama-t-il à l'hôtellerie Saint-Joseph ou dans une auberge qui se trouvait sur la route de la Cude? Les habitants de Velars, enfin, avertis par la servante qui, pendant leur déjeuner, avait surpris le secret des conspirateurs, s'en remirent-ils au curé de Fleurey du soin de sauver la statue ou vinrent-ils eux-mêmes, en armes, pour la ramener, coûte que coûte, dans leur église? Quelle que soit l'obscurité qui enveloppe ces circonstances, il n'en reste pas moins qu'une seconde fois depuis trente ans, les paroissiens de Velars eurent à défendre leur Vierge et qu'ils le firent avec un courage qui honore leur foi.

Sur ces entrefaites (1823) et avant même l'installation de M. Faivre au petit séminaire, Mgr de Boisville confia l'église succursale de Velars à M. Tomberet, curé de Plombières. Dès le début du dix-septième siècle, cette paroisse professait un culte spécial en l'honneur de Notre-Dame d'Etang; un miracle, accompli à son invocation, le 1er avril 1680, en faveur d'une famille du pays, accrut encore la foi et la confiance de ses habitants. Plusieurs fois l'année, ils allaient la prier à Velars. Ils chômaient la fête de la Visitation; ce jour-là, ils prenaient, au pèlerinage, la tête de la procession; leur curé y paraissait avec *sa croix pastorale;* c'étaient eux enfin qui procuraient le brancard et le dais, destinés à porter et à recouvrir l'image miraculeuse. Mais leurs prétentions remontaient presque aussi haut que leur dévotion. Une première fois (1791), ils avaient essayé, sans succès, de surprendre le consentement de Volfius et d'accaparer la statue de Notre-Dame. Le zèle admirable que déploya M. Tomberet, pendant les deux années qu'il fut chargé du sanctuaire de Velars, fut-il pur de toute arrière-pensée de cette sorte ? S'il serait téméraire de le nier, il ne serait peut-être guère moins naïf de l'affirmer.

Sans discuter des intentions, qu'il est impossible de préciser, il faut reconnaître que M. Tomberet fut loin de rester inactif.

Au sommet de la montagne d'Etang, en face de la chapelle restaurée, les religieux minimes avaient planté une grosse croix de bois qui marquait, disait-on, l'endroit précis, où avait été découverte l'image de Notre-Dame. Mais, pour entretenir ou renouveler, par un souvenir sensible, une dévotion que la distance et le temps risquaient d'affaiblir, souvent les pèlerins emportaient avec eux une parcelle de son bois ou un débris des pierres qui la fixaient au sol. A la longue, cette piété indiscrète avait fini par mutiler affreusement et même par ébranler la pauvre croix : il fallut la remplacer. M. Tomberet se mit à l'œuvre; et bientôt, un peu en arrière de la croix de bois, qui allait disparaître, se dressa, sur son socle de pierre, une jolie croix de fer. La bénédiction eut lieu le 2 juillet 1823. Ce fut l'occasion d'une seconde fête solennelle. Aucun acte authentique ne nous en a conservé le détail; mais, dans leur souvenir, ceux qui en avaient été les témoins l'égalaient à la fête de 1817.

Etait-ce comme une prise de possession de la paroisse de Plombières? Dès l'année suivante, M. Tomberet se fait faire, aux frais de la fabrique de Velars, une seconde clef de la chapelle de la montagne. Que serait-il arrivé, si, en 1825, une disposition providentielle n'eût remis l'église de Velars sous la juridiction des curés de Fleurey? Il est impossible de rien affirmer; il ne convient même pas de rien supposer; mais il faut dire que, si les curés de Plombières ont cru garder toujours et, à l'occasion, ont revendiqué leur « droit à la clef (1) », ils ont su aussi — ce qui valait infiniment mieux — entretenir, au cœur de leur population, une tendre dévotion à Notre-Dame d'Etang.

Pendant quelques années encore, la paroisse de Velars allait rester sous la juridiction

---

(1) M. le chanoine Sebille, quand il était curé de Plombières, réclama encore ce « droit à la clef ». M. Ballet crut devoir le lui refuser.

des curés de Fleurey. L'abbé Tournois la desservit du 7 octobre 1825 au 14 octobre 1830 ; puis, l'abbé Delangre, jusqu'au 28 octobre 1833.

La distance et le ministère sur place ne permirent pas toujours à ces prêtres d'exercer leur zèle à Velars, autant du moins qu'ils l'auraient voulu. Le dimanche, ils n'y disaient qu'une messe basse ; dans la semaine, les enfants allaient au catéchisme à Fleurey, et, pendant toute cette période, les actes de catholicité sont mal rédigés et souvent même ne sont pas signés. Et pourtant, l'abbé Tournois et surtout l'abbé Delangre ont laissé dans le pays un souvenir vivace de leur bonté. Quelques vieillards en citent encore un trait touchant : les jours de grand froid ou de neige, pour éviter aux enfants une course pénible, le curé de Fleurey venait au-devant d'eux et les ramenait à Velars en leur faisant, en chemin, sa leçon de catéchisme.

Cependant, l'état du pèlerinage semble rester stationnaire ; et l'histoire de Notre-Dame d'Etang, jusqu'à la révolution de 1830, n'offre aucun incident digne de retenir l'attention. A cette date, les processions furent de nouveau supprimées; et la statue fut même, dit-on, cachée quelque temps dans les dépendances du château, chez M. Ragonneau, l'homme de confiance de M. Morelet.

Cette suspension du culte de Notre-Dame fut de courte durée; et, tout après, l'abbé Delangre entreprit de lui rendre un plus grand éclat. Mais son projet, et pour de bonnes raisons, ne pouvait agréer aux gens de Velars; et, aussi bien, la naïveté avec laquelle il trama son petit complot devait lui ménager un échec.

Parce que la statue miraculeuse ne lui paraissait pas assez honorée à Velars, où les offices se faisaient sans cérémonie, l'abbé Delangre avait résolu de l'emporter à Fleurey. Il mit dans ses confidences les enfants du catéchisme, fixa le jour, détermina un itinéraire et les invita à accompagner la statue, en récitant le chapelet. Ce pauvre abbé avait compté sans les indiscrets. Et quand, le jeudi suivant, il voulut opérer son pieux larcin, il trouva à la porte de l'église un de ses fabriciens, Jean Gareau, décidé à l'enfermer et à aller chercher du renfort, s'il persistait dans son projet. L'abbé Delangre y renonça pour cette fois; mais les habitants de Velars étaient avertis : après Plombières, c'était contre Fleurey qu'il faudrait se défendre; cet épisode n'était qu'une escarmouche, mais qui pouvait laisser pressentir le long duel qui allait s'ouvrir, quand la paroisse de Velars aurait son curé à elle.

Entre temps, le conseil municipal lui-même prit l'initiative de rétablir la procession du 2 juillet (1). Sa suppression, en arrêtant le concours des étrangers qui y affluaient, avait privé la fabrique de la plus grande partie de ses revenus et la commune, de ses meilleures ressources. Une supplique fut donc adressée au préfet, dont l'objet était de rétablir la fête, en son état primitif, et il y était dit que le capitaine de la garde nationale veillerait au maintien de l'ordre.

Les choses en étaient là, quand Mgr Rey agréa les offres d'un capucin espagnol et l'autorisa à donner les secours spirituels à Velars-sur-Ouche. Avec le P. Eugène, s'ouvrait une ère nouvelle, pour la paroisse de Velars comme pour le pèlerinage de Notre-Dame d'Etang.

---

(1) Voir, aux pièces justificatives, n° 3.

CHAPITRE III

Le Père Eugène.

Le P. Eugène naquit en Espagne (1), vers la fin du dix-huitième siècle. Tout jeune, à la suite d'un accident qui faillit lui coûter la vue, il se mit sous la direction d'un capucin qui, avec prudence, forma son cœur et son esprit. Sa famille le destinait au sacerdoce, mais de préférence dans le clergé séculier. Après avoir achevé sa philosophie, il écrivit à son père qu'on lui avait trouvé une place avantageuse; et il lui deman-

---

(1) Tous ces détails sont pris d'un opuscule intitulé : *Evénements instructifs et relation catholique sur l'inquisition d'Espagne*, écrit par le P. Eugène lui-même. Cet opuscule fut édité à Chalon-sur-Saône, en 1838, probablement par les soins de M. Denizot, avocat en cette ville.

dait 400 francs pour la prise de possession. Quand il eut reçu cette somme, il alla s'enfermer dans un couvent de capucins. Et il excusait ou, du moins, il expliquait sa conduite, en rappelant l'histoire d'Isaac et de Rébecca.

Dès cette première étape de sa vie religieuse, il met, au service d'une foi robuste, une volonté énergique parfois jusqu'à la rudesse, et une humeur qui souvent nous apparaîtra, à nous autres Français, bizarre jusqu'à l'excentricité. Après les seize mois de son noviciat, il n'avait vu le visage d'aucun religieux. Il avait fait profession depuis 1809, quand l'armée française imposa aux religieux espagnols de quitter leur costume ; il conserva le sien, en le faisant teindre en noir.

Lorsqu'il eut achevé sa théologie à Valence, il se mit aussitôt à exercer les fonctions de prédicateur et de confesseur ; expérience faite, il préfère, devant le peuple, l'entretien familier, et il s'impose de se montrer toujours, au confessionnal, l'apôtre de la miséricorde. A Saint-Philippe, près de Valence, il finit par substituer au culte de la révolution, la dévotion à la Sainte Vierge, qu'il appelle, dans son langage imagé, *la divine Bergère de nos âmes*. Aussi, les révolutionnaires se réunissent-ils bientôt en conciliabules pour aviser aux moyens de l'arrêter; partout où ils le peuvent, ils lancent contre lui des réquisitoires ; plusieurs fois, il leur échappe comme par miracle; poursuivi enfin par Mina, il se voit contraint de se réfugier en France, vers la fin d'octobre 1822.

Il y reçoit un chaleureux accueil. Malheureusement, la relation de ses courses apostoliques devient alors très vague. Qu'importe au P. Eugène le nom des pays qu'il évangélise ! il est chez lui partout où il y a du bien à faire et des âmes à sauver. Mais, parce que les fréquentes visites que lui rendent les Français, le détournent de ses offices, il quitte cette terre hospitalière et passe en Italie. Il traverse Terne et Spolète, vénère le corps de sainte Rose de Viterbe, célèbre à Lorette, arrive à Rome où il est admis à baiser les pieds de Pie VII, qui vient de mourir. Son procureur général le renvoie en France pour y fonder un hospice qui sera desservi par les capucins. Il s'arrête quelques jours près d'Aix, dans un couvent abandonné qu'il dispute aux scorpions, prêche avec succès plusieurs missions dans le Midi, reste quelque temps comme aumônier dans une maison de filles repenties, fonde un couvent de capucines, entreprend de former des jeunes gens à la règle de saint François, quand éclate la révolution de juillet, qui disperse ses religieux et le ramène en Espagne.

A la première occasion, il revient à Rome, par mer; puis il regagne la France où il recommence ses pérégrinations à travers villes et villages. En octobre 1833, il arrive à Dijon, après avoir passé à Villecomte.

Ces indications, si rapides qu'elles soient, nous révèlent, dans le P. Eugène, un zèle ardent et un pressant besoin d'action et de changement. Mais pour le bien connaître, il faudrait lire à loisir, racontés dans son style coloré de méridional, les détails pittoresques de ses multiples aventures.

Il voyage toujours à pied et sans argent, ce qui lui valut, plus d'une fois, de rester plusieurs jours sans manger. Souvent, pour s'acquitter d'une dette ou payer un service, au lieu de l'argent qu'il n'a pas, il offre des prières; mais tout le monde ne s'accommode pas du marché, témoin ce passeur, à qui il promet un *Pater*, ne pouvant lui donner un sou, et qui, de colère, veut le jeter dans le fleuve qu'il vient de lui faire traverser. Sa longue barbe et son costume étrange excitent partout l'étonnement et provoquent la défiance plutôt qu'ils n'inspirent la sympathie ; tantôt on le prend pour un Turc et tantôt pour un Russe et, plus souvent encore, pour un vulgaire escroc qu'il faut enfermer. Quand il demande quelque part le vivre et le couvert, il arrive qu'on le rebute rudement, même dans les presbytères. Un jour qu'il s'est égaré, il frappe à la porte d'une chaumière pour qu'on le remette dans son chemin ; une femme ouvre, s'effraie à sa vue et crie à son fils et à son mari de prendre leurs fusils. En général, pourtant, il trouve une cordiale hospitalité chez les prêtres et les médecins, et il « respecte ceux-ci, non seulement *propter necessitatem*, mais aussi par reconnaissance ».

Aussi bien, quel que soit l'accueil qu'on lui ménage, il y répond toujours avec un grand esprit de foi. Rien n'altère sa sérénité, et une ferme confiance en Dieu lui garde, en toutes circonstances, sa belle humeur. Il ne perd pas une occasion de faire œuvre d'apôtre : il prêche partout, sur les chemins comme dans les églises. S'il rencontre un arpenteur, esprit fort, il commence à discuter avec lui du mérite respectif de Ptolémée et de Copernic, et finit par découvrir, dans les effets du soleil, un emblème admirable de l'amour de Dieu ; se trouve-t-il avec des prêtres, il les prêche eux-mêmes, pour leur enseigner la miséricorde divine. Et combien il se plaît à apprendre ou à rappeler à tous les gloires et les bontés de la *divine Bergère!* Pour le récompenser, sans doute, la Sainte Vierge l'amène comme dans une oasis et le fixe, plusieurs années durant, dans son sanctuaire de Notre-Dame d'Etang.

Comment le P. Eugène put-il faire agréer ses services à l'évêque de Dijon, il serait difficile de le dire. Quoi qu'il en soit, dès qu'il eut reçu de Mgr Rey les pouvoirs nécessaires, il se rendit à Velars où il procéda lui-même à son installation. Elle fut sommaire et pittoresque. Lui-même nous en a laissé un récit que je me garderai bien de déflorer.

« En arrivant, dit-il, je demandai les clés pour voir la chapelle. Celle à qui je les réclamais me regardait avec surprise, car la pauvre fille n'avait jamais vu de capucins. Je lui demandai un morceau de pain, et, tout en me le donnant, elle n'osait allonger la main. Enfin, retenue par la peur, elle le laissa sur la table et appela sa mère, qui me dit d'un air de compassion : « Pauvre pèlerin ! mangez encore cette pomme cuite. » Je me disais : « Si elle savait que je viens pour être son » curé ! » Enfin je me dirigeai vers la montagne où était la chapelle.

» Ayant encore faim, je demandai à la ferme qui est à moitié du chemin, un morceau de pain : la femme me le donna, et la fille y ajouta un morceau de pomme. Pendant que je mangeais, la mère me dit : « Brave pèlerin ! » priez le bon Dieu pour que ma fille trouve » un jeune homme bien riche et bien beau. » Je profitai alors de l'occasion pour lui faire une instruction sur les devoirs d'une mère envers sa fille. Il est à remarquer que cette fille fut la première que je mariai dans cette paroisse.

» Le lendemain, j'allai dire la messe. Quelle ne fut pas ma surprise ! On se pressait vers l'église, plutôt pour voir ma barbe que l'autel. Le maire vint me dire, de la part des habitants, d'ôter ma barbe et mon habit. Il m'apportait des bas et des souliers, en disant que le monde croyait que je souffrais trop, que je ne pourrais pas supporter le froid dans la contrée. Je répondis au maire que j'étais reconnaissant de ses sentiments, ainsi que de ceux des habitants, mais que c'est par la souffrance qu'il faut monter au ciel. C'est le chemin de la croix que Jésus-Christ nous a tracé; sa divine Mère l'a suivi et on l'appelle la Reine des martyrs; les apôtres ont imité leur divin Maître; enfin, c'est le chemin royal du paradis. Ainsi, je vous laisse faire ce que vous voulez, sans m'inquiéter si vous portez des bas, des souliers ou des bottes; mais ne vous inquiétez pas de ma manière de me mettre. Ce langage les calma. »

Telle fut la première rencontre du P. Eugène avec ses nouveaux paroissiens. En dépit de son humeur changeante, il devait rester près de quinze ans parmi eux : nul doute qu'il n'aimât de cœur la statue miraculeuse de la *divine Bergère*.

Depuis le départ de l'abbé Dubois, Velars n'avait point eu de curé résidant : avec les hameaux de la Cude et de la Forge et les fermes de Notre-Dame d'Etang et du Fays, ce village, nous le savons, avait été rattaché tantôt à Plombières et tantôt à Fleurey. En réalité, le P. Eugène allait fonder la paroisse. Avec un zèle ardent qui ne se souciait guère des obstacles, peu à peu, pièce par pièce, il créa l'organisme qui devait en assurer la vitalité.

Placée sous le vocable de saint Blaise, évêque et martyr, l'église occupait l'espace libre qui s'étend entre l'enceinte du château et l'abri Notre-Dame. Elle s'ouvrait sur le chemin qui longeait le château, par un portail à plein cintre, bas, étroit, de quatre mètres de profondeur et appuyé, de chaque côté, par deux contreforts. Le pavé de l'église était, de quelques marches, en contre-bas du portail. Sa nef unique, large de six mètres, était longue de vingt environ : du côté du midi, quatre fenêtres à plein cintre, étroites à l'extérieur mais qui s'élargissaient dans l'épaisseur énorme des murs, lui distribuaient parcimonieusement la lumière. Le chœur, en cul-de-four, était surbaissé au point que la voûte se noircissait à la fumée des cierges; au fond, derrière le maître-autel, une fenêtre, ouverte dans un mur qui n'avait pas moins d'un mètre cinquante d'épaisseur, éclairait le lutrin. Dans le retrait que formait la nef de chaque côté de l'abside, on avait dressé deux autels ou plutôt deux crédences : une statue de la Sainte Vierge surmontait celle de droite, et, celle de gauche, une statue de saint Blaise. Les fonts baptismaux se trouvaient à l'entrée de l'église, à gauche ; du même côté, un peu en avant du chœur, la chapelle de Sainte-Anne, d'une date relativement récente : cette chapelle, éclairée au nord par une fenêtre à lancette, comprenait, outre l'escalier de la chaire, un autel et le confessionnal (1). Enfin, la sacristie s'adossait, du côté du midi, en partie à la nef, en partie au chœur.

Cette église était pauvre, très pauvre même ; mais, à la date où le P. Eugène commençait son ministère, aucune réparation ne s'imposait d'urgence. Le mobilier était en bon état et les meubles de sacristie suffisamment garnis. Quatre sacristaines de bonne volonté veillaient à leur propreté ; un sacristain à gages assurait le service. Pour le moment, du moins (2), c'était ailleurs que le P. Eugène devait tourner son effort.

---

(1) A gauche de cette chapelle se trouvait alors, par terre, la statue de la Sainte Vierge, qu'on a placée depuis, en 1858, sur le rocher de la montagne, près du souterrain du chemin de fer, où elle se voit encore aujourd'hui.

(2) Dans les papiers de fabrique, où il dresse, pour ainsi dire, un état des lieux et des œuvres de sa paroisse, le P. Eugène constate, en 1837, qu'il faudrait,

Grâce au conseil municipal, qui, dès le début de 1834, avait mis en adjudication les réparations nécessaires à la cure, le P. Eugène eut bientôt aussi un logement convenable : quatre chambres, rez-de-chaussée et premier, avec un jardin d'une contenance de six ares et entièrement clos de murs, le tout au milieu du village et à bonne portée de l'église. En fallait-il davantage à un pauvre capucin ?

En 1835, sur l'invitation du maire, Pierre Décologne, le P. Eugène reconstitue le conseil de fabrique. Chaque année, désormais, sauf en 1836 et 1847, ce conseil aura sa réunion, et ses membres, en nombre suffisant,

---

à l'église un nouveau clocher. En 1845, le conseil municipal reconnaît lui-même qu'on ne peut plus différer sans danger la construction de ce clocher. M. Lemaire-Charlut, architecte à Dijon, dresse un devis qui s'élève à 7,942 fr. 63. Et, sollicité par la commune, le préfet prie le roi et la reine des Français, ainsi que les princes et princesses de la famille royale, de venir en aide à la plus pauvre commune de la Côte-d'Or, pour une œuvre très digne de Leurs Majestés. Mais, à la suite d'une expertise de M. Suisse (1851), qui constate le mauvais état des murs de la vieille église, on renonça à tout projet de restauration ; et on décida de bâtir, sur un nouveau plan et un autre terrain, une église qui réponde mieux aux besoins de la paroisse et du pèlerinage.

seront renouvelés aux époques déterminées (1). Ses délibérations sont toujours consignées dans un procès-verbal ; mais il ne tint jamais de registre pour les recettes : bien que la sacristie eût son armoire à trois clefs, on ne payait guère exactement le prix des bancs et, d'ailleurs, la paroisse n'avait ni fondations ni revenus d'aucune sorte.

Pour faire vivre son curé, la commune se vit donc dans la nécessité de s'imposer extraordinairement, et elle lui servit pendant quelques années un traitement annuel de 200 francs. Mais bientôt, rien ne s'opposa plus à ce que l'église de Velars fût érigée en succursale. Monseigneur de Dijon en exprimait le désir, dans une lettre qu'il adressait au conseil municipal, à la date du 1er septembre 1836. A l'unanimité, le conseil chargea M. le maire de transmettre de suite à Monseigneur les renseignements nécessaires et le pria de faire auprès du gouvernement toutes les démarches utiles pour

---

(1) Le registre de fabrique nous a conservé les noms des fabriciens pendant cette période de quatorze années, ce sont : MM. Gareau, Ponsard, Mortureux, J. Rondot, N. Contour, J. Balizet, Martenot, Fauconnet.

obtenir cette faveur à la commune. Sa requête fut agréée; mais il ne reste, dans les archives de la mairie, aucun document qui constate la date officielle de l'érection.

Cependant, loin de se laisser absorber par les soucis de cette organisation matérielle, le P. Eugène ne néglige aucune pratique traditionnelle de piété; et peu à peu, il introduit dans sa paroisse toutes les dévotions capables d'y renouveler la ferveur. Avec l'autorisation de son évêque, il installe, dans l'église, un chemin de croix, enrichi de toutes les indulgences, et il offre à l'adoration des fidèles une relique de la vraie croix, dont il a fait d'abord reconnaître l'authenticité. Sans parler de la Confrérie du Cœur immaculé de Marie, il établit une association de la Sainte-Enfance et restaure l'Archiconfrérie du Saint-Sacrement. Pour édifier sa paroisse et l'aider lui-même dans son ministère, il fait venir des religieuses (1) et songe un instant à fonder

---

(1) Parmi ces religieuses, nous ne pouvons passer sous silence le nom de *sœur Fulgence*, qui, après trente-trois années (sa mort arriva en 1880), laissa, par sa piété, son dévouement, l'affabilité de son caractère, un souvenir ineffaçable dans l'esprit de tous ceux qui l'ont connue.

à Velars un couvent de capucins. Tant d'efforts et un dévouement si entreprenant n'étaient-ils pas de nature à lui ménager auprès des âmes un accès facile et une influence conquérante ?

Au reste, sa belle figure et son costume étrange éveillent d'abord une curiosité sympathique ; son accueil bienveillant, sa parole franche, colorée, pittoresque, lui ouvrent les cœurs. Bien vite et volontiers, ses paroissiens l'abordent, conversent avec lui, lui demandent conseil ; et toujours ses avis s'inspirent d'un ferme bon sens. Il pratique une hospitalité large, modeste et cordiale : « A la mense du capucin, on trouve des mets simples, mais abondants et surtout cette vive gaieté qui prend sa source dans la privation même de ces mille petites choses, utiles au service de la table. » Et il n'est pas douteux que toutes ces qualités naturelles ne rendent plus séduisantes, chez le P. Eugène, les vertus du prêtre et du religieux.

La foi vive, qui l'a arraché à sa famille et jeté hors de son pays, continue d'animer toute sa vie : il ne voit dans ses paroissiens que des âmes à sauver ; et, s'il a quelques préférences, elles vont, comme naturellement, aux plus ingrats ou aux plus coupables. Sa vie est pauvre et austère ; il reste seul à la cure et c'est l'autorité civile qui lui envoie, chaque jour, une femme pour faire son ménage. Son désintéressement apostolique va jusqu'à un profond mépris de l'argent (1) : non seulement il n'en conserve pas, il se refuse même à en toucher ; ses débiteurs glissent dans son capuce ce qu'ils lui doivent et ses créanciers y puisent sans contrôle ce qui leur revient. Le sacristain est son grand aumônier ; et, quand le capuce est vide, les pauvres peuvent du moins manger, à la cure, la soupe que le P. Eugène leur fait préparer. A l'occasion, il paie de sa personne : un jour, il lui arrive de se blesser les pieds et de se froisser une jambe, en rapportant sur ses épaules un enfant égaré qu'il veut rendre à sa famille. Et bien loin de fuir la souffrance, il la recherche, en toutes circonstances, pour féconder son apostolat.

---

(1) Une personne de quatre-vingt-quatorze ans nous raconte qu'un jour qu'elle se trouvait à la cure, une mendiante vint demander la charité : « Prends *cette vipère*, lui dit le P. Eugène, en lui montrant une pièce de 5 francs qui se trouvait sur une assiette, et donne-la à cette pauvre femme. »

C'était donc un véritable apôtre que la Providence avait amené à Velars et il ne fallait rien moins que le zèle du P. Eugène pour renouveler cette paroisse, à peu près abandonnée et où de nombreux obstacles entravaient les pratiques religieuses. Depuis quelques années, le service public du culte se réduisait à une messe basse le dimanche. Et, sur cinq cent cinquante habitants qui composaient le village, cent cinquante ouvriers, sans compter des femmes et des enfants, travaillaient dans des usines, fabrique de fils de fer, moulin anglais, papeterie, tuilerie, où l'on ne chômait pas le dimanche. On se demande avec inquiétude à quoi, dans ces conditions, se réduisait la vie chrétienne du pays, quand le P. Eugène y commença son ministère.

Et il semble bien que cette vie n'est guère plus intense, lorsqu'en 1837, après cinq ans de labeur, le religieux nous en trace le tableau (1). Sans doute, les offices, avec le prône et, une fois par mois, la bénédiction du Saint-Sacrement, se font alors régulière-

---

(1) Ces notes se retrouvent dans les papiers de la fabrique.

ment chaque dimanche ; mais on continue de travailler ; malgré les ordres de la municipalité, les cabarets restent ouverts pendant les offices; et on danse tous les dimanches, après vêpres. Les enfants assistent à la messe et au catéchisme tous les jours ; mais les filles et les femmes ne communient qu'à Noël, et, à Pâques, et il n'y a guère que cent quatre-vingts communions pascales.

Dans la suite, nous l'avons vu, les œuvres se multiplièrent ; mais le succès auprès des âmes fut-il aussi grand que le faisaient espérer le zèle ardent et la vie sainte du P. Eugène? On peut en douter. Pour rester vrai jusqu'au bout, il faut reconnaître que la violence de son tempérament espagnol paralysa souvent ses efforts, fit oublier peu à peu ses belles qualités et ses admirables vertus, lui suscita plus d'un ennemi et contribua, sans doute, à lui faire quitter la place.

Et cependant, il s'était longtemps appliqué à acquérir la douceur évangélique ; mais sa nature de feu, quelque temps comprimée, prenait sa revanche et se réveillait soudain en de violents éclats, vite réprimés, aussitôt réparés, mais dont les effets n'en étaient pas moins déplorables. Il ne connaissait pas les demi-mesures ; il ne pouvait souffrir ni répliques ni lenteur dans l'accomplissement de ses ordres ; quand on voulait discuter, une verte remarque ou, quelquefois même, un bon coup de la corde à nœuds qui lui servait de ceinture fermait la bouche. Il s'échappait parfois jusqu'à se battre avec quelque paroissien et pas toujours pour d'aussi bonnes raisons qu'avec le colporteur d'images (1).

C'était un jour de première communion. En se rendant à l'église, le P. Eugène rencontra ce marchand de portraits scandaleux ; il essaie de le dissuader d'un si vilain commerce ; et, lui demandant ce que valaient les images qu'il pouvait vendre dans la journée, il les lui paie largement. Malgré cette délicate précaution, le colporteur s'adresse aux enfants en procession pour écouler sa marchandise. Le P. Eugène, qui préside, lui fait encore observer avec douceur son imprudence, mais le vagabond irrité se jette comme un fou sur le religieux,

---

(1) C'est le P. Eugène lui-même qui raconte cet incident dans l'opuscule déjà cité : *Evénements instructifs et...* Nous y ajoutons quelques détails, recueillis de la bouche de témoins oculaires.

le saisit par la barbe et lui en arrache une poignée. Le P. Eugène ne se contient plus ; il prend son homme au collet, le terrasse d'un coup et l'invite à remercier Dieu de ce qu'il ne lui brise pas la tête. La procession rentre à l'église ; le maire, averti, rejoint le P. Eugène à la sacristie : il lui apporte la barbe qu'on vient de lui arracher et s'offre à arrêter le coupable. Mais le prêtre, qui a déjà tout oublié, ne permet pas même qu'on dresse procès-verbal contre lui. Il me semble que cette aventure nous révèle le P. Eugène tout entier, avec la douceur qui fut, en lui, le fruit de longs efforts, dans les brusques retours d'une nature un peu sauvage, avec la généreuse charité qui aurait dû lui faire pardonner toujours son unique faiblesse.

Il n'en reste pas moins que le ministère du P. Eugène à Velars fut, pour la paroisse, une bénédiction. Dans les derniers jours de sa vie, le religieux, vieilli et retiré à Rome, pense encore, avec reconnaissance, aux grâces que Dieu accorda, par son ministère, à ses paroissiens bien-aimés. « Qui pourrait rappeler, écrit-il, les grâces que Dieu répandit sur mes pas ?... Il bénit ma prédication ; et un grand nombre d'hommes, *quatre-vingt-*

huit, rentrèrent dans leur devoir. » C'était quelque chose, et bien des curés, aujourd'hui, voudraient pouvoir se rendre ce témoignage, même après avoir passé quinze ans dans une paroisse.

Et pour revenir à Notre-Dame d'Etang, un des traits les plus caractéristiques de la physionomie morale du P. Eugène, ce fut, nous l'avons plusieurs fois déjà remarqué, sa dévotion, aveugle et naïve, à « *la divine Bergère* ». Il la priait sans cesse ; en toute occasion, il prêchait son culte avec un zèle ardent ; et quand Dieu lui accordait quelque faveur particulière, il s'en croyait redevable à l'intercession de la Sainte Vierge.

Pendant les seize mois de son noviciat, il récita, chaque jour, le chapelet et l'office de la Sainte Vierge. Nous avons vu comment, dans une de ses premières missions, qu'il donnait à Saint-Philippe, près de Valence, son but avoué fut de substituer au culte de la Révolution, le culte de Marie. Plus tard, en Italie, il distribuera à profusion des images de la Sainte Vierge, que la duchesse de Lucques avait fait graver à sa prière. Et partout, en Espagne comme en France et en France comme en Italie, il défend, avec l'éloquence d'une vraie piété filiale, les prérogatives de Marie et surtout la puissance de ses miséricordieuses supplications : « Marie est le canal de la grâce ; et, si une Esther apaise la colère d'Assuérus, Marie peut apaiser la colère de son Fils, irrité contre les hommes. »

Et volontiers, il appuie sa thèse de l'autorité de sa propre expérience. Il dit que c'est Marie qui, dans ses courses incessantes, lui ménage partout un bienveillant accueil. Près d'Aix, lorsqu'il essaie de s'installer dans un ancien couvent de religieuses et que, pendant trois jours, sans autre nourriture que des oignons et des pommes de terre, il chasse de ce réduit les scorpions qui semblent renaître sous ses pas, il déclare bien haut que c'est la confiance en la Sainte Vierge qui soutient ses forces. Plusieurs fois, il crut échapper miraculeusement à la mort : chaque fois, il attribue son salut à la bonté de sa divine Mère. Pendant l'invasion d'Espagne, il se voit abordé, menacé par un capitaine de l'armée française, qui avait à venger le meurtre d'un de ses espions : il invoque Marie et aussitôt le capitaine remet son sabre au fourreau. Sur le point d'être pris par les révolutionnaires et mis à mort dans un couvent où il s'était réfugié, il prie la Sainte Vierge, et « deux minutes avant que le jardin ne soit cerné, il avait gagné les champs ». Un autre jour enfin, « un buffle énorme s'élance sur lui, portant ses deux cornes comme deux épées... Le temps de demander du secours au ciel et prier Marie, et l'énorme animal s'arrête, enchaîné comme par un pouvoir miraculeux. »

Toute cette histoire permet de deviner la raison qui, par une sorte de miracle, a fixé à Velars, pendant plus de quinze ans, sa vie jusque-là errante. Au reste, le P. Eugène l'insinue lui-même dans ses notes. S'il a sollicité de l'évêque de Dijon l'autorisation de donner des secours à cette petite paroisse, c'est qu'elle possède une statue miraculeuse de la Sainte Vierge Marie.

Le P. Eugène pouvait-il, en réalité, trouver meilleure occasion de faire connaître et aimer sa *divine Bergère;* et après sa longue éclipse, à peine coupée d'une ou deux lueurs brillantes, mais rapides comme l'éclair, le culte de Notre-Dame d'Etang allait-il enfin reprendre son éclat séculaire? On pouvait l'espérer. Sans rappeler ici le zèle ardent du nouveau chapelain, c'était le vœu de toute la région ; c'était aussi le désir du conseil municipal, qui venait de prendre l'initiative de rétablir la procession traditionnelle du 2 juillet. Et, en vérité, la fête de la Visitation eut à Velars, en l'année 1834, la superbe parure d'une aurore. Mgr Rey présidait un concours immense de pèlerins. Il guida lui-même la procession jusqu'au sommet de la montagne, puis, dans une touchante allocution, prononcée au pied du rocher, il paya son tribut de louanges à la Reine de Bourgogne.

Et, sans doute, la vie revenait; mais ce ne fut pas d'abord avec cette plénitude florissante qu'on attendait. Presque aussitôt après cette fête du 2 juillet, des contestations s'élevèrent, entre Velars et Fleurey, au sujet de la chapelle de la montagne. Elles se compliquèrent bientôt de mesquines questions d'amour-propre. Et le pèlerinage eut à souffrir encore de ces regrettables querelles.

Quand M. Brenet avait acheté le bois du Cuchet, l'acte de vente, qui constatait bien la présence, dans ce bois, de la chapelle de Notre-Dame d'Etang, n'en précisait pas du tout la cession à l'acquéreur. Pourtant, sous l'influence de je ne sais quel scrupule, M. le curé de Fleurey, qui en avait la clé, la livra alors à Mme Brenet. Celle-ci fit restaurer la chapelle et, après une année écoulée, déclara qu'elle lui appartenait.

Il n'y eut pas de difficultés tant que le curé de Fleurey desservit Velars ; mais, quand le P. Eugène apprit que cette chapelle était sur sa paroisse, il entreprit de faire valoir ses droits. Lorsque, après la dispersion des Minimes, le District avait attribué à Velars la statue miraculeuse, cette statue occupait la chapelle ; et, comme le gouvernement, qui s'était emparé des biens ecclésiastiques, n'avait jamais revendiqué cette chapelle, tout fit croire que son intention avait été de la donner à la paroisse avec la statue. En réalité, le cadastre de 1822 la tient pour propriété communale ; et, toujours, jusqu'en 1834, Velars en avait gardé la clé sans être jamais inquiété dans sa jouissance.

Aussi y eut-il grand émoi dans le pays, quand on y connut les prétentions de Mme Brenet. Bien loin de se résigner à les subir, les habitants protestent aussitôt contre ce qu'ils regardent comme une injustice et font changer la clef de la chapelle. Un premier procès s'engage. Perdu pour Velars devant le juge de paix, il est porté en première instance.

Cependant, entre les deux audiences, on trouve un décret de 1801, signé de Napoléon, qui rendait aux évêques tous les lieux de culte qui n'avaient pas été vendus ou qui n'étaient pas affectés à un usage profane. C'était le cas de la chapelle d'Etang. L'issue de l'affaire, dès lors, ne semblait plus douteuse; et tout le monde, à Velars, escomptait la victoire. Mais, pour plaider, il faut à toute commune une autorisation préfectorale qui, d'ailleurs, ne se refuse jamais. Par une négligence inexpliquée, le maire de Velars ne trouva pas le temps, en quarante jours, de solliciter cette autorisation; et, au jour du jugement, Velars fut condamné par défaut. Ainsi, contre toute attente et par la faute d'un seul, la chapelle de Notre-Dame d'Etang devenait propriété privée; et la commune sortait de cette aventure injustement dépouillée et grevée, en outre, des frais considérables du procès.

Il restait du moins que, seul, le curé de Velars avait juridiction et pouvait officier dans la chapelle, qui se trouvait sur le territoire de sa paroisse. Ce dernier droit lui-même allait bientôt être singulièrement compromis.

Dans une démarche, dont il serait trop délicat de discuter l'intention, la famille Brenet avait annoncé à Monseigneur qu'elle voulait raser la chapelle. Le prélat, qui savait cette chapelle nécessaire au pèlerinage, protesta, pria, supplia. M. Brenet finit par consentir à laisser les choses en l'état, mais à la condition expresse que M. le curé de Fleurey aurait, sur cette partie de la montagne, même juridiction que M. le curé de Velars. Pour ne pas compromettre l'avenir du pèlerinage, Monseigneur accorda tout.

A partir de ce jour, M. le curé de Fleurey put donc librement prendre soin de la chapelle, l'orner, l'entretenir, y officier, faire des quêtes, lever les troncs. Il est vrai qu'en droit, les privilèges de M. le curé de Velars restaient les mêmes qu'auparavant ; mais, comme la chapelle se trouvait dans une propriété privée et que le droit d'y officier n'impliquait pas le droit de passage sur autrui, l'usage de ces privilèges était soumis à de telles servitudes, que les privilèges eux-mêmes devenaient presque illusoires.

Aussi, le P. Eugène, contristé, mécontent, ne se résigna-t-il jamais à demander une clé de la chapelle à Mme Brenet, qui, de son côté, ne crut pas devoir lui en offrir une. Il s'abstint désormais d'y paraître ; même au jour de la Visitation, la procession ne montait plus qu'à l'emplacement de l'ancienne église des Minimes.

Ainsi se termine la première affaire de la chapelle (1). Si, avec une sage prévoyance et la vaillance de leur foi, les habitants de Velars n'avaient pas su, quelques années auparavant, défendre leur statue miraculeuse contre les entreprises de l'abbé Delangre, c'en était fait probablement ; et Fleurey eût alors, et pour toujours, remplacé Velars dans l'histoire de Notre-Dame d'Etang. Mais, avec la statue, ils gardaient chez eux l'âme du pèlerinage : tôt ou tard, le reste devait leur revenir.

Pour le moment du moins, leur insuccès restait sans espoir. Il laissait sans doute, au fond de l'âme du P. Eugène, beaucoup de tristesse et peut-être même un peu d'amertume ; mais, bien loin de le décourager, il ne parvint pas à refroidir son zèle. Non seulement le culte de Notre-Dame se continue dans

---

(1) Tous les détails de cette histoire sont pris en grande partie dans les notes de M. Marillier, curé de Fleurey.

la paroisse et se propage dans la région, mais, peu à peu, se créent, autour de la statue miraculeuse, les pieuses habitudes qui, aujourd'hui, sont devenues traditionnelles dans le sanctuaire de Velars.

Tous les dimanches, on exposait à la vénération des fidèles l'image de Notre-Dame d'Etang. On la plaçait, alors, sur le maître-autel où se trouvait, dominant le tabernacle qui renfermait la sainte réserve, le tabernacle à claire-voie qui orne maintenant, dans la nouvelle église, l'autel de la Sainte Vierge. Les jeunes filles récitaient le chapelet. Puis, on venait baiser la statue miraculeuse ; et dans l'élan d'âme plus fervent qui accompagnait ce geste de pieuse vénération, on mettait tout ce que le cœur renfermait de supplication éplorée ou de joyeuse reconnaissance. Parfois aussi, les étrangers surtout faisaient toucher à l'image sainte leur chapelet ou de petites robes de soie, ou d'autres objets, pour entretenir, après leur départ, une dévotion qu'ils ne pouvaient venir, à leur gré, renouveler au sanctuaire de Velars. Emportait-on déjà, pour les appliquer à des malades, les petites robes qui avaient servi à Notre-Dame d'Etang? Rien n'empêche de faire remonter à cette date une coutume que de nombreuses grâces, obtenues par elle, ont rendue familière de notre temps.

Le P. Eugène s'appliqua aussi, avec un vrai succès, à donner aux fêtes de la Visitation une solennité toujours plus grande. Vers 1842 (1), les pèlerins les plus éloignés — et il en venait de tous les coins de la Bourgogne — arrivaient, dès la veille au soir, à Velars ou au moins à Dijon. Au matin de la fête, de nombreux groupes sillonnaient la campagne en tous sens : les uns, sortis de Couchey, Marsannay, Chenôve, se dirigeaient vers la Cude à travers le plateau de Corcelles ; d'autres descendaient sur Velars des hauteurs de Pasques, Lantenay et Prenois ; les plus nombreux, ceux de Dijon et Plombières d'un côté, et, de l'autre, ceux de Sombernon, Mâlain, Fleurey, suivaient la route royale qui parcourt la vallée. En général, les curés conduisaient eux-mêmes leurs paroissiens et se joignaient, à Velars, au P. Eugène qu'ac-

---

(1) Les détails qui suivent sont empruntés à une relation de M⁰ Denizot, avocat à Chalon-sur-Saône, qui, le 2 juillet 1842, revenait, pour la troisième fois, à Notre-Dame d'Etang, *le bâton à la main, la gourde en bandouillère, en véritable pèlerin.*

compagnaient souvent quelques-uns de ses malheureux et fidèles compatriotes.

Le programme de la fête était déjà, ou à peu près, celui que nous suivons aujourd'hui. Après la messe de communion et un frugal déjeuner, vers les neuf heures, la procession sort de la modeste église de Velars, parcourt les rues du village, traverse la route et gravit lentement, au chant des cantiques et des litanies, les chemins tortueux et escarpés de la montagne. Depuis 1834, le cortège s'arrête à l'esplanade. On place la statue miraculeuse dans l'anfractuosité du rocher, où l'on a improvisé un autel champêtre. La foule se masse, le silence s'établit et la voix éloquente d'un prédicateur extraordinaire célèbre la gloire et les vertus de Marie, devant une assemblée toujours avide d'entendre redire les louanges de la Mère de Dieu. On donne ensuite, avec l'image de Notre-Dame d'Etang, la bénédiction aux fidèles prosternés; et la procession redescend à Velars, où l'on chante encore une messe solennelle et où l'on donne même parfois un second sermon.

Dans l'après-midi, il ne semble pas qu'il y ait eu, à cette date, aucune réunion officielle. Chacun vaquait librement à ses dévotions ; et, un peu plus tôt, un peu plus tard, suivant la distance à parcourir, on reprenait le chemin du pays.

Certes, il y avait, dans ces résultats acquis, la légitime récompense d'un zèle ardent. On pouvait dire que, dans ses parties essentielles, le culte de Notre-Dame d'Etang était vraiment ressuscité et désormais bien vivant. Ce n'était pas encore pourtant l'idéal rêvé par le P. Eugène.

Cette dévotion, pour ainsi dire, intermittente, que chaque dimanche voyait naître et mourir et qui n'éclatait avec plus de magnificence qu'à de rares jours de fête, ne pouvait-elle devenir un perpétuel hommage à Marie, dont la gloire était sans éclipse et dont la bonté ne connaissait pas de repos ? Les prières particulières que les pèlerins venaient tour à tour verser aux pieds de la Sainte Vierge, ne saurait-on les unir en un immense concert dont les puissants accords monteraient plus irrésistibles vers le ciel ? Et pourquoi, enfin, tous les enfants de Notre-Dame d'Etang ne s'enrôleraient-ils pas sous la même bannière, pour former une garde d'honneur à la statue miraculeuse aux jours des grandes solennités et pour être sans cesse comme une milice toujours conquérante, dans les différentes parties de notre Bourgogne?

Dès 1837, le P. Eugène regrettait qu'il n'y eût point, à Velars, de confrérie de la Sainte Vierge. Il semblait tout naturel de rétablir alors celle que Mgr Zamet, en 1604, avait érigée canoniquement et enrichie d'indulgences et qui avait vu, autrefois, s'inscrire dans ses cadres les plus grands noms de France. Le P. Eugène l'ignorait-il (1) ou, étranger parmi nous, restait-il indifférent à un passé qui aurait parlé si éloquemment à un cœur bourguignon? Quoi qu'il en soit, après quelques années de réflexion, il établit (12 mars 1841), dans l'église de Velars, sur une base toute nouvelle, la confrérie du Sacré-Cœur de Marie, et, le 19 novembre de la même année, il l'agrégeait à l'archiconfrérie de Notre-Dame des Victoires, à Paris.

Les statuts de cette confrérie n'imposaient à ses membres qu'une légère obligation : les associés devaient réciter chaque jour un *Ave Maria* pour la conversion des

---

(1) Les registres de cette Confrérie avaient été enlevés et perdus pendant la tourmente révolutionnaire.

pécheurs et y joindre l'invocation : *O Marie, conçue sans péché...* On les exhortait aussi à porter la médaille miraculeuse. Ces pratiques leur donnaient droit à de nombreuses indulgences et leur permettaient, en particulier, de gagner une indulgence plénière, deux fois le mois, au jour de leur choix.

Telle fut à peu près l'œuvre du P. Eugène dans le sanctuaire de Notre-Dame d'Etang. Il restait sans doute, pour compléter cette œuvre, des lacunes à combler et quelques traditions à reprendre. On ne peut nier cependant que le P. Eugène n'ait été, depuis la Révolution, un des premiers, sinon le premier de ces bons ouvriers qui, avec le temps et la grâce de Dieu, ont rendu au culte de la Vierge d'Etang l'éclat dont il rayonne aujourd'hui à travers toute la Bourgogne.

Après avoir tant travaillé, à Velars, pour Dieu et pour Marie, le P. Eugène allait quitter la paroisse.

Le religieux constata-t-il alors l'impuissance de son ministère ? S'aperçut-il de l'impopularité grandissante de sa personne ? Obéit-il simplement au besoin de changement qui lui était naturel ? Quoi qu'il en soit, il fit, peu après, une absence de deux ans

(1er juin 1845 au 6 juin 1847), sans qu'il soit possible, même avec la *Relation* de sa vie, de suivre ses traces. Remplacé, pendant ce temps, par M. l'abbé Benoit, il revint en 1847, pour disparaître définitivement le 19 mai de l'année suivante.

Quelque vingt ans plus tard, nous le retrouvons fixé à Rome. De là, il correspond avec M. Javelle et de cette correspondance il nous reste trois lettres intéressantes, toutes trois datées de 1866. Tantôt, le P. Eugène rappelle avec émotion ses espérances et ses projets de jeune curé; tantôt, il expose le détail de son œuvre paroissiale et remercie Dieu de lui avoir donné pour successeurs de vrais apôtres, bien capables de développer le peu de bien qu'il a fait lui-même. Le 24 juillet, il esquisse à grands traits sa vie depuis son départ de Velars. « J'ai quitté Velars pendant la Révolution, mais qui pourrait rappeler les grâces que Dieu répandit sur mes pas? D'abord, Dieu me facilita les moyens pour répandre la dévotion de la divine Bergère, comme j'ai tant désiré; j'ai prêché dans plusieurs diocèses; j'ai trouvé des personnes dévotes et riches, qui offraient de l'argent pour imprimer le petit livre; un marquis et sa sœur, très dévots, connaissant mes désirs d'aller voir le pape Pie IX, donnèrent de l'argent à un médecin pour m'accompagner à Naples et payer tous les frais ; j'ai eu le bonheur de baiser les pieds et parler au Saint-Père. Et après avoir propagé la dévotion de la divine Bergère en France, puisque on comptait plus de deux cent mille exemplaires épuisés, Dieu, au lieu de me conduire à Velars, me colloqua à Rome, capitale du monde catholique, où j'ai célébré la sainte messe dans les basiliques ou églises, où sont exposés la vraie croix, le clou, les épines de la Passion de Jésus-Christ, la colonne où il fut flagellé, le titre qui était écrit sur la tête de Jésus-Christ ; j'ai célébré la messe dans tant de sanctuaires, qui pourrait les compter ? Dieu a voulu se servir de moi, pour répandre la dévotion de la divine Bergère dans tout le monde. »

Vers la même époque, chaque année, à la prière de M. Javelle, le P. Poiblanc, ancien supérieur des missionnaires de Saint-Bernard, faisant alors ses études de théologie à Rome, rendait visite au *capucin de Velars* qu'il avait autrefois rencontré avec étonnement dans les rues de Dijon. Lui-même a consigné, dans une lettre à M. Ballet (mars 1904), l'impression de ces visites.

« Ce que je sais sur le vénéré religieux, qui fut chargé pendant quelque temps de votre paroisse, se réduit à bien peu de choses. Sachant que j'allais à Rome, votre cher prédécesseur m'avait demandé d'aller voir celui que, tout enfant, on m'avait montré dans les rues de Dijon et qu'on nommait le *capucin de Velars*. C'était pour moi un bonheur de le revoir ; et c'est avec joie que je m'acquittai de ma commission. Sur le Palatin, non loin de l'arc de triomphe de Titus, était un pauvre couvent de Bonaventurins qui conservent, sous le maître-autel de la chapelle, le corps de saint Léonard de Port-Maurice. Ces religieux sont une branche de la famille franciscaine ; la vie y était pauvre, austère. C'est sans doute ce qui avait attiré le P. Eugène.

» Je ne saurais vous dire quelle fête il m'a faite, quand je lui eus dit que j'étais envoyé vers lui par le curé de Velars. Avec quelle émotion il se rappelait cette paroisse, ses épreuves et ses joies ! Je dis ses épreuves, car plusieurs de ses paroissiens s'étaient montrés durs pour le religieux espagnol proscrit. Mais sur ses lèvres, pas une parole amère. Au contraire, il me remet un certain nombre d'images, désirant qu'elles soient distribuées surtout aux familles dont il avait eu à souffrir.

» Avec quel intérêt, toutes les fois que je l'ai vu (car j'y allais chaque année, au moins à mon arrivée et avant mon départ), il s'informait de la paroisse, du pèlerinage de Notre-Dame d'Etang! On sentait bien que Velars occupait une bonne place dans son cœur.

» Retournant une fois à Rome, M. le curé me recommanda de dire au cher capucin combien lui et ses paroissiens étaient heureux d'avoir de ses nouvelles, heureux de son fidèle souvenir, comme l'on réclamait le secours de ses prières. Mais quelle émotion, quand je lui dis que ses anciens opposants lui exprimaient tous leurs regrets et comptaient sur ses prières !

» Plusieurs fois je refis mon pèlerinage au couvent des Bonaventurins, et c'était pour moi un grand bonheur de revoir le vénérable vieilllard.

» Une dernière fois, après avoir passé près de l'arc de triomphe de Titus, je gravissais le mont Palatin, me réjouissant de prier auprès des reliques de saint Léonard et de revoir le P. Eugène. Mais le capucin de Velars n'était plus. Il était mort, pauvrement, humblement, saintement, comme il avait vécu. »

On lit enfin, dans la seconde des lettres du P. Eugène à M. Javelle, quelques détails sur la maladie qui dut précéder de bien peu sa mort. Au moment où il écrit, cette maladie, qu'il a contractée en se fatiguant au service de Dieu, date de trois ans. « On lui fit alors dix saignées, on lui appliqua des sangsues et des synapismes; médecins et infirmiers, tous le condamnèrent à mort. » Depuis, il se trouve à l'infirmerie assez malade et il prie sœur Fulgence de faire réciter aux petites filles un *Ave Maria* pendant trois jours, afin que lui arrive ce qui doit le plus contribuer à la gloire de Dieu et à l'honneur de la très Sainte Vierge Marie.

Et c'est tout. On peut aisément imaginer ce que fut la mort du P. Eugène, pleinement acceptée par amour de Jésus-Christ et adoucie par sa confiance en la *divine Bergère* : après avoir vécu en soldat, il dut mourir en martyr. Malheureusement, nous sommes ici réduits à des conjectures et nous perdons, avec le récit de cette mort, une dernière occasion, et peut-être la plus belle, de sainte édification.

Sans doute, ce prêtre est capable d'étonner les simples et d'effrayer les timides. Mais s'il convient de vénérer davantage ceux qui se donnent et sourient, il faut cependant admirer tous ceux qui se dévouent, de quelque manière qu'ils le fassent, fût-ce même avec tristesse et en grondant : la bonne cause aurait la partie trop belle, si nous la défendions avec notre prudence et nos vertus et jamais avec nos humeurs. Et, en réalité, de sa vie, le P. Eugène n'eut de pensée intéressée : ses audaces et ses colères avaient leur principe et leur excuse dans sa foi vive. Saint François de Sales, il est vrai, exerça infiniment plus de séductions que le P. Eugène ne fit de conquêtes. Mais chacun sert son Dieu avec sa complexion et son tempérament; et ceux-là aussi sont admirables, qui le servent avec une âpreté fiévreuse, dont ils sont les premiers à souffrir.

CHAPITRE IV

M. l'abbé Roger.

APRÈS la disparition du P. Eugène, M. Marillier, curé de Fleurey, desservit la paroisse de Velars du 20 mai au 10 août 1848. A cette date, M. l'abbé Jacques-Aignan Roger lui succéda; le nouveau curé avait pris possession le 25 juillet et chanté sa première messe le dimanche 6 août, devant le plus grand nombre de ses paroissiens.

M. Roger, qui n'avait que vingt-six ans, venait de sortir du grand séminaire. C'était un dévot de Notre-Dame d'Etang : le 2 juillet 1834, quelques semaines après sa première communion, il avait fait son premier pèlerinage à Velars; et souvent depuis, ses promenades de petit et de grand séminariste l'avaient ramené dans ce sanctuaire. En y revenant comme curé, il se sentait un peu chez lui. Avec sa piété fervente et sa charité d'apôtre, il était l'homme qu'il fallait, pour retoucher ou compléter l'œuvre du P. Eugène. Aidé de son conseil de fabrique, et dans une harmonieuse entente avec le conseil municipal, il restaura l'organisme de sa paroisse et lui donna, en quelques années, une âme bien vivante.

Dès la fin de 1848, le conseil de fabrique (1), reconstitué par une ordonnance épiscopale et un arrêté du préfet, se met au travail sous la direction de son curé. Le 9 janvier 1849, il reconnaît les places de bancs et s'ingénie à faire rentrer le prix de location. La même année, il règle, d'après les solennités, les sonneries des cloches et les carillons des fêtes. Il ouvre une souscription, en 1850, pour

---

(1) Nous aimons à relever ici, pour les conserver dans l'histoire de Notre-Dame, les noms de ces dévoués chrétiens qui ont rendu à la paroisse et à l'œuvre de grands services. Ce sont : en 1848, avec M. A. Morelet, maire, MM. Antoine Mortureux, Nicolas Contour, Jean Gareau, François Rondot, Claude Fauconnet ; puis, successivement, à la mort de ceux-ci : Jean Balizet, Pierre Chauvenet, Hugues Naudin, Louis Layer, J.-B. Dangeville, François Ragonneau, et enfin, en 1860, Pierre Culmet.

l'achat d'un drap mortuaire, qui doit lui appartenir et servir aux enterrements. En 1851, il demande l'autorisation de traiter avec le sieur Mollot, de Dijon, pour la refonte d'une cloche, et, deux ans plus tard, il obtient du conseil municipal une subvention pour la refonte d'une autre cloche, fêlée par accident.

En ce temps-là, les conseils municipaux professaient encore qu'il convient de soutenir la religion et d'en maintenir les emblèmes. Celui de Velars avait déjà, en 1848, voté au sonneur un traitement annuel de vingt francs; plus tard il devait le porter à trente francs. Vers la même date, l'invasion du choléra le força à remplacer le cimetière devenu trop étroit : il traite avec M. Morelet pour le terrain, sollicite des habitants des prestations volontaires, des fournitures en nature et des sacrifices pécuniaires et rédige enfin un règlement très précis. La première inhumation eut lieu le 19 juin 1850, et la bénédiction le 2 novembre de la même année (1).

---

(1) Cependant l'ancien cimetière resta ouvert jusqu'en 1862 : c'est là, au pied de la croix, qu'on faisait la station pour la procession des Rameaux et qu'on récitait l'évangile : *Cum appropinquassent Jerosolymis...*

M. Suisse vint à Velars, en 1851, pour expertiser les murs de la vieille église, sur laquelle on voulait reconstruire un clocher : le conseil municipal lui accorde, pour son voyage, une subvention de 23 francs. En 1853, il vote 80 francs pour remplacer une croix qui avait été cassée, accidentellement, à l'entrée du village, sur les chemins de Lantenay et de Fleurey; et un peu plus tard, il fait transporter à ses frais, de Plombières à Velars, le socle de la *Croix rouge*. Pendant près de dix ans, de 1853 à 1861, il servit chaque année à M. le curé un supplément de traitement de 200 francs; en 1856, il attribue un secours à sœur Fulgence, « cette bonne sœur institutrice qui, depuis plusieurs années, se dévouait aux enfants et aux malades de Velars ».

Mais la grosse affaire que le conseil municipal eut alors à traiter, ce fut la construction de la nouvelle église, et il porta, dans sa conduite, une sagesse de décision et une ténacité de volonté qui lui font honneur.

La première délibération qu'il eut à ce sujet, est datée du 26 décembre 1855. La vieille église n'était plus en rapport avec le chiffre de la population qui s'élevait à plus de mille âmes, non plus qu'avec les exigences du pèlerinage; elle était humide et malsaine; elle menaçait ruine, au point qu'on avait dû renoncer à la réparer : il était urgent de la reconstruire sur un plan plus vaste et un autre terrain.

Il fallut songer d'abord à choisir l'emplacement. Des négociations furent successivement engagées avec les familles Pingat, Dulessey et Dubard; pour des raisons d'ordre divers, aucune d'elles n'aboutit. Enfin M. Morelet céda gratuitement à la commune la place sur laquelle devait s'élever la nouvelle église. C'était la solution inespérée d'une première difficulté.

Cependant, on travaillait déjà à réunir les fonds nécessaires. La commune était sans ressources et les habitants d'une pauvreté notoire. Le conseil municipal songea à ouvrir une loterie au capital de 150,000 francs et dont les billets seraient vendus un franc, selon l'usage : le journal, *Le Pays*, avait accepté d'en faire l'annonce, mais le ministre refusa l'autorisation (avril 1856). Alors, par l'intermédiaire d'un conseiller général, M. Thoureau, le maire, au nom du conseil, sollicita un secours du ministre et du préfet.

Tandis que les choses traînaient en longueur, une souscription, spontanément ouverte parmi les habitants, produisait la belle somme de 18,170 francs. Encouragé par cette générosité de la paroisse, le Conseil municipal renouvelle (février 1858) sa délibération de décembre 1855, avec les mêmes considérants et les mêmes conclusions; et le maire envoie à qui de droit les pièces nécessaires pour obtenir les secours demandés. Le 10 mai, le ministre accorde enfin, sur les fonds d'Etat, une allocation de 9,000 francs, payables en trois annuités; le 28, le préfet prélève, en faveur de la commune, la somme de mille francs sur les amendes de police correctionnelle; un mois après, il approuve le projet Caillot, adopté le 28 février par le conseil municipal, et permet l'adjudication des travaux.

Ce fut le 25 avril 1859, un lundi de Pâques, qu'en vertu d'une autorisation spéciale de Monseigneur l'évêque de Dijon, M. Roger bénit l'emplacement et la première pierre de la nouvelle église. Mais en creusant les fondations, on avait trouvé des sources vives qu'il fallut épuiser et qui nécessitèrent l'emploi du béton sur toute la longueur de la construction. De là, un excédent de dépenses qui devait s'élever à 10,000 francs. M. le maire pria (août 1859) le préfet de solliciter du ministre un nouveau secours; et, au ministère des cultes, M. de la Motte prit cette affaire en mains. Sans attendre la réponse, le conseil municipal approuvait (novembre 1859) le devis supplémentaire de M. Caillot et les travaux suivaient leur cours normal.

Il est trop clair que M. Roger ne restait pas étranger à toutes ces questions qui l'intéressaient au premier chef. Son influence sur son conseil de fabrique et même au conseil municipal, pour être discrète, n'en était que plus réelle. Mais c'est sur son terrain propre qu'il faut le voir à l'œuvre, pour apprécier plus justement son zèle.

Homme de travail et de science, il complète l'instruction primaire des enfants et jeunes gens qu'il reçoit au presbytère, plusieurs fois chaque semaine; mais surtout, il s'applique, dans ses catéchismes et ses sermons, à donner à tous ses paroissiens une foi solide et une piété éclairée. Pour les attirer, en plus grand nombre, à l'église, comme aussi pour glorifier Dieu davantage, il s'ingénie à rendre plus solennels les offices des dimanches et des fêtes. Peu après son arrivée, le lutrin de Velars comptait sa douzaine de chantres avec, à leur tête, le vieil instituteur, J.-M. Fauconney, à la voix chevrotante et, plus tard, le trésorier de fabrique, Nicolas Contour, à qui l'on réservait l'hymne des fêtes.

Et M. le curé ne manque pas une occasion d'attacher ses paroissiens à leur église et de donner à la religion une plus large place dans leur vie. Le 6 novembre 1851, le baptême de deux cloches fut, à Velars, une grande fête religieuse : parmi d'autres détails d'intérêt secondaire, le procès-verbal souligne l'empressement et la piété de toute la paroisse. A la prière de M. Roger, une ordonnance épiscopale (novembre 1856) permet, sous des conditions déterminées, de rendre plus fréquentes l'exposition et la bénédiction du Saint-Sacrement. Un peu plus tard (juillet 1859), après avoir obtenu les autorisations nécessaires, M. Roger place solennellement une statue de la Sainte Vierge sur un rocher situé dans une propriété de la Compagnie du chemin de fer, le long du chemin de la Forge. Cette dernière fête ne nous permet-elle pas déjà de deviner ce que fut, dans le nouveau curé de Velars, le chapelain de Notre-Dame d'Etang?

Nous savons quel culte M. Roger professait, depuis son enfance, pour la Sainte Vierge ; quand sa nomination de curé de Velars fit de lui le chapelain de Notre-Dame d'Etang, il mit au service de sa Reine l'enthousiasme entreprenant de son ardente jeunesse.

Les difficultés n'étaient point pour l'effrayer, lorsqu'une fois sa conscience lui avait montré le devoir. Dès l'abord, il s'attaqua de front à la plus grosse et essaya de rentrer en maître dans la chapelle de Notre-Dame d'Etang. On se rappelle qu'à la requête de Mme veuve Brenet (23 août 1834), le juge de paix, puis le tribunal de première instance avaient simplement débouté la commune de Velars de toutes ses prétentions sur cette chapelle. Le P. Eugène en avait été attristé, mais non pas découragé. Susceptible à l'excès sur un faux point d'honneur, il n'avait jamais reparu à la chapelle, et il avait décidé qu'au jour de la Visitation, la procession ne monterait plus qu'à l'esplanade. Le pèlerinage avait souffert de cette décision. M. Roger voulut liquider une situation anormale (1). Sans doute, surtout depuis le procès du P. Eugène, il semblait avoir contre lui les droits d'une stricte justice; mais il faut avouer qu'il avait pour lui des raisons de haute convenance. Sans hésiter, parce qu'il voyait engagé l'intérêt supérieur de Notre-Dame d'Etang, il cria très haut ses revendications. Il prétendit que le curé de Fleurey, pas plus qu'aucun autre curé voisin, n'avait rien à voir à la chapelle qui était *sur Velars*, qu'il n'y avait aucun pouvoir, non pas même celui d'y dire la messe.

Ce coup droit et la crânerie avec laquelle il était porté émurent M. Marillier et irritèrent M. de la Cuisine, gendre de M. Brenet, à qui cette difficulté nouvelle rappelait tous les ennuis du premier procès. Ensemble, ils se rendirent chez Mgr Rivet. M. Marillier allégua l'autorisation de sa paroisienne, un usage déjà long et toujours paisible, les charges qu'il avait supportées, à l'exclusion du curé de Velars, pour l'entretien de la chapelle. M. de la Cuisine déclara qu'il était

---

(1) Tous les détails de cette histoire sont empruntés au registre paroissial de Fleurey.

maître de son oratoire, qu'il voulait bien permettre au curé de Velars d'y venir, puisqu'il l'ouvrait au public ; mais qu'il lui défendait d'y rien toucher et d'y rien apporter : *Timeo Danaos et dona ferentes* (1).

Après avoir entendu l'affaire, Monseigneur la trancha aussitôt. Il reconnut au curé de Fleurey, à titre de délégué de Mme veuve Brenet, le droit de dire la messe à la chapelle, quand il voudrait, et d'y faire célébrer tout prêtre de sa connaissance. Il lui permit, en outre, de dire les évangiles, pour la fête de la Visitation, aux personnes qui les lui demanderaient ; de faire, ce jour-là, une quête pour subvenir aux frais de l'entretien de la chapelle et de maintenir, dans le même but, le tronc qui se trouvait à la porte d'entrée.

C'était un triomphe pour M. Marillier, mais une seconde défaite pour la paroisse de Velars ; et encore cette défaite paraissait bien désormais sans espoir. Pourtant, en dépit des apparences, l'action de M. Roger eut l'avantage, sinon d'interrompre une pres-

---

(1) « Je crains les Grecs, jusque dans leurs présents. »

cription, du moins de prouver à son successeur qu'il n'avait plus à compter, pour la solution de cette affaire, que sur sa diplomatie... et la protection de Notre-Dame d'Etang! C'était quelque chose.

Aussi bien, M. Roger semble avoir subi son échec avec toute la bonne grâce qu'il eût portée dans la victoire. Sans écouter son amour-propre, il ne songea qu'à la gloire de Notre-Dame d'Etang et résolut de profiter des autorisations que lui accordait M. de la Cuisine. Dès le 2 juillet 1849, la procession reprenait son itinéraire traditionnel; et, sur la vigoureuse initiative du curé de Velars, le pèlerinage devint, chaque année, plus recueilli et plus nombreux.

A quelques détails près, le programme de la Visitation restait ce qu'il était autrefois, tel que nous le connaissons aujourd'hui.

La messe de communion ouvrait la fête dans l'église de Velars; habituellement, on chantait la grand'messe au sommet de la montagne et on revenait au rocher pour la prédication; la procession descendait ensuite au chant du *Laudate*, de l'*In exitu*, du *Te Deum*; le soir, il y eut désormais chapelet, vêpres et sermon à l'église. En 1850, à une messe solennelle, célébrée à l'église, on bénit un nouveau bâton de la Sainte Vierge, pour remplacer celui que Lantenay détenait, depuis la Révolution, et détient encore avec plus de piété que de justice. A partir de cette année, il y aura, la veille ou le dimanche qui précède le 2 juillet, la procession du bâton, avec ou sans le chant des vêpres, suivant la circonstance ; il y eut même, en 1853, une neuvaine préparatoire à la fête, mais le fait semble unique. En 1856, M. Chotard, garde général des forêts, mit à la disposition de M. le curé la tour du télégraphe aérien, dit *de la Cude*, situé près de la chapelle : le rez-de-chaussée servit d'abri et la terrasse, préparée à cet effet, de chaire à prêcher. L'année suivante, cette tour passait à la fabrique de Velars par un acte régulier en date du 7 juin et, pendant quelque temps, la prédication du matin se fit au sommet de la montagne. Jusqu'en 1857, c'étaient les enfants de la première communion qui portaient la statue miraculeuse ; cette année-là et dans la suite, deux diacres remplacèrent ces enfants et la procession put, dès lors, monter jusqu'au sommet sans faire de station.

Tel fut, pendant plus de douze années, le cadre extérieur de la fête de la Visitation ; mais il convient d'ajouter que M. Roger ne négligea rien, tant qu'il fut à Velars, pour donner plus d'éclat à cette solennité. Il choisissait, avec le plus grand soin, ses prédicateurs : prêtres séculiers, dominicains ou jésuites. En l'absence de Monseigneur, c'était un dignitaire ecclésiastique qui présidait les cérémonies : plusieurs fois, M. Moreau, archiprêtre de Dijon, accepta cet honneur ; et une fois, M. Frérot, le futur évêque d'Angoulême. Sans y être encore aussi nombreux qu'aujourd'hui, les séminaristes et les prêtres y venaient volontiers : tel compte rendu de l'époque nomme, une année, jusqu'à vingt et un prêtres ; et il est intéressant de relever, dans ces listes d'or de Notre-Dame d'Etang, des noms tels que ceux de Mgr Favier qui mourut évêque de Pékin en 1905, et de Mgr Rouard, évêque actuel de Nantes ; depuis 1856, M. Javelle y reparaît chaque année, successivement comme minoré, sous-diacre, diacre et prêtre. En 1852 et 1859, la fanfare de Baulme-la-Roche, sous la direction de son curé, prête son gracieux concours ; et en 1858, 1859, 1861, le chœur de chant des jeunes filles de la cathédrale. On ne trouve le chiffre approximatif des pèlerins que dans deux comptes rendus : en 1859, le chroniqueur estime la foule à 2,400 pèlerins; et en 1860, il croit en voir 3 à 4,000.

Quoi qu'il en soit, il ne semble pas douteux que le pèlerinage de Velars n'ait revécu, pendant cette période, quelques-uns des plus beaux jours de son ancienne histoire.

Mais M. Roger ne borne pas l'effort de son zèle à restaurer, dans son premier éclat, une simple solennité. Son ambition est plus haute et plus sacerdotale. Ennemi des vaines apparences, il veut rendre au culte de Notre-Dame d'Etang sa bienfaisante influence sur les âmes; et, en les enrôlant dans les cadres d'une confrérie, il prétend assurer à tous les fidèles de Notre-Dame le soutien que procurent l'union dans la prière et un sage règlement de piété.

Il ne rêvait rien moins que de ressusciter un glorieux passé et de faire revivre l'antique confrérie d'Etang. En attendant l'occasion favorable, il eut la sagesse de ne point toucher à la confrérie du Saint-Cœur de Marie qu'avait fondée le P. Eugène; il s'efforça même de lui infuser comme une vitalité nouvelle et il désigna à ses prières un but plus précis et plus actuel.

Il regardait l'Immaculée Conception de Marie comme le plus glorieux de ses privilèges. Pour hâter l'heure du décret qui devait tant honorer la Sainte Vierge dans tout l'univers catholique, il décidait, le 17 juin 1854, qu'on réciterait, chaque dimanche, la première dizaine du chapelet pour obtenir la définition du dogme de l'Immaculée Conception, et que, dans la même intention, on ajouterait au chapelet une double invocation : *Bénie soit la Sainte et Immaculée Conception de la bienheureuse Vierge Marie, maintenant et dans l'éternité...*, et *O Marie, conçue sans péché...* Il promettait en outre qu'après que Rome aurait parlé, on réciterait à perpétuité cette même dizaine en action de grâces.

Cependant, dès 1850, l'abbé Roger rédigeait les statuts de la confrérie qu'il voulait rétablir. Tout en s'inspirant largement du passé, il sut les approprier aux besoins de son temps, et le samedi 14 juin 1851, il les soumettait à l'approbation épiscopale.

Ce fut le 22 juin 1851 que Mgr Rivet rendit

l'ordonnance qui rétablissait dans l'église de Velars, « pour la plus grande gloire de Dieu et l'honneur de sa très sainte Mère, l'antique et célèbre Confrérie de Notre-Dame d'Etang... ». Il y approuve les *Règles et Statuts*, préparés par l'abbé Roger, « comme éminemment propres par eux mêmes, s'ils sont fidèlement observés, à entretenir et à augmenter dans les cœurs la piété envers Dieu, la dévotion envers la très Sainte Vierge et la charité fraternelle entre les divers membres de la pieuse association ». Il énumère les principaux fruits du culte marial et rappelle aux fidèles les promesses évangéliques faites à l'union dans la prière. Enfin, à l'exemple de son vénérable prédécesseur, l'illustrissime et révérendissime Sébastien Zamet, évêque-duc de Langres, il « accorde en Notre-Seigneur quarante jours d'indulgence à tous ceux des associés qui visiteront, dans un véritable esprit de piété, la chapelle de Notre-Dame d'Etang ou l'église de Velars-sur-Ouche, au jour de la Visitation de la Sainte Vierge et qui prieront dévotement, dans l'un ou l'autre de ces sanctuaires, pour notre Saint-Père le Pape, pour l'Eglise notre sainte Mère et pour lui en particulier ».

Par ordre épiscopal, cette ordonnance fut transcrite, à la suite des statuts approuvés, en tête du registre qui devait recevoir les noms des confrères. Et, à la grande joie de la paroisse et du diocèse, les listes furent ouvertes. Aussitôt, M. Roger eut à enrôler un grand nombre de pieux fidèles qui, tant de Velars même que d'autres paroisses, voulurent, avec leurs pasteurs, se ranger sous les étendards de Marie. Des prêtres aussi, du clergé séculier et des ordres religieux, dominicains, bénédictins ou jésuites, s'empressèrent de donner leurs noms et de témoigner ainsi leur vénération et leur respect à la Sainte Vierge.

Le 14 septembre 1851, le conseil de la confrérie fut élu par tous les hommes associés de Velars. Il comprenait un directeur, un sous-directeur, deux assistants, un trésorier, un secrétaire (1). M. le curé était membre de droit.

---

(1) Voici le Conseil qui sortit de ces premières élections :

M. l'abbé Roger, directeur ;

M. l'abbé Petit, prêtre à Beaune, sous-directeur ;

MM. Louis-Victor Robatel et Jean-Marie Fauconney, de Velars, assistants ;

M. Nicolas Contour, de Velars, trésorier ;

M. Jean Gareau, de Velars, secrétaire.

Ce conseil se réunissait une fois par an. Quand il y avait lieu, on le complétait par des élections partielles ; le trésorier rendait compte de la gestion financière ; et, suivant les besoins du moment, le directeur faisait adopter telle ou telle résolution.

On décide ainsi que la messe annuelle pour les confrères vivants ou défunts sera une grand'messe, et on détermine les conditions dans lesquelles se dira la messe basse qui suit la mort de chaque associé. En 1853, le conseil constate avec joie que les ressources de la confrérie permettent de remplacer cette messe basse par un service solennel, et d'offrir le saint sacrifice, de temps en temps, pour la propagation du culte de Notre-Dame d'Etang. Quand le choléra menace Velars (1854), le président propose qu'on dise la messe une fois par semaine et de préférence le samedi, afin que la protection de la Sainte Vierge préserve le village des atteintes du fléau. Le jour où les fidèles étaient admis dans la Confrérie de Notre-Dame d'Etang, on les inscrivait sur le registre de l'Archiconfrérie du Saint-Cœur de Marie : aussi, en 1855, le conseil fait célébrer deux messes dans l'octave des morts, l'une pour les confrères de Notre-Dame d'Etang, l'autre pour ceux du Cœur Immaculé. Enfin, à partir du 15 août 1855, il accepte de faire dire la messe une fois par mois, et autant que possible le samedi, pour la conversion des pécheurs et les fins exprimées dans le premier article des statuts.

Et pour assurer la prospérité de la confrérie restaurée de Notre-Dame d'Etang, Mgr Rivet sollicita et obtint du Souverain Pontife de nombreuses indulgences en faveur des associés et de tous les fidèles. Un premier bref, du 13 juillet 1853, accordait aux confrères, sous les conditions ordinaires, une indulgence plénière le jour de leur admission, le jour de la fête principale de la confrérie et à l'heure de la mort ; une indulgence de sept ans et sept quarantaines aux fêtes de Noël, de la Toussaint, de l'Assomption, du Sacré-Cœur ; une indulgence de soixante jours pour chaque œuvre pie, faite avec un cœur contrit : toutes ces indulgences étaient applicables aux âmes du purgatoire. Un second bref, du 19 juillet de la même année, permettait à tous les fidèles de gagner, sous des conditions précises, une indulgence plénière au jour de la Visitation ou à un des jours de l'octave, une indulgence de sept ans et sept quarantaines au seul jour de la fête, et une indulgence de trois cents jours, une fois par jour, en chacun des jours de l'octave. Dans un dernier bref, le Souverain Pontife déclarait que toutes les messes, célébrées, à quelque autel que ce soit, à l'église de Velars, pour les membres défunts de la confrérie, jouiraient de la faveur attachée aux *autels privilégiés*.

Dans une page qu'il écrivait sur l'avenir de la confrérie qu'il venait de réorganiser, l'abbé Roger se flattait que, loin de se ralentir, le zèle des associés s'animerait de plus en plus par l'édification qui résulterait de leur union et les avantages spirituels qu'ils en retireraient. Ses prévisions furent justes; et, si ambitieuses qu'aient été les espérances qu'il taisait par discrétion, ne peut-on pas dire que l'heureuse réalité d'aujourd'hui les a toutes dépassées?

Au mois d'août 1861, l'abbé Roger était nommé curé de Cheuge; c'est le 8 septembre qu'il fit ses adieux à ses paroissiens.

Après les avoir remerciés des témoignages de sympathie et de confiance qu'ils lui ont prodigués, depuis surtout que son départ leur est connu, il leur dit ses regrets de voir ainsi finir les plus beaux jours de sa vie et il leur promet de penser à eux, chaque matin, au saint autel. Ce qu'il a voulu, dans son ministère, c'est leur donner une instruction solide. Peut-être que l'ardeur de son zèle lui a parfois inspiré quelque parole amère : il prie les personnes qu'il a ainsi contristées sans le vouloir, de lui pardonner. Sa meilleure récompense sera d'apprendre que ses premiers paroissiens continuent de marcher dans la voie qu'il a ouverte devant eux.

Il a voulu se créer un titre imprescriptible à la protection de la Sainte Vierge, en s'inscrivant le premier sur la liste de ses plus dévoués serviteurs : s'il cesse d'être le ministre de son sanctuaire, il restera toujours un pieux pèlerin de Notre-Dame d'Etang. Son départ n'est donc pas une rupture définitive. Aussi bien, il promet à ses paroissiens d'offrir un chemin de croix à la nouvelle église qui se construit : il leur léguera ainsi un inépuisable trésor spirituel et il rappellera, en même temps, son souvenir à tous les fidèles qu'il a baptisés, communiés ou mariés. Puisse Dieu le ramener, pour sa vieillesse, aux pieds de Notre-Dame d'Etang, et lui permettre de reposer, au milieu de sa famille aimée, à l'ombre de la croix et dans le cimetière qu'il à bénits !

Une dernière fois, il souhaite à ses paroissiens émus, santé et prospérité ; et, par une bénédiction plus solennelle, il sollicite du ciel, en leur faveur, les grâces les plus abondantes. — A la suite d'un retard imprévu, son départ n'eut lieu que le 18 septembre.

M. Roger ne reparut officiellement à Velars que le 24 août 1862, invité par son successeur, M. Javelle, pour l'érection du chemin de croix qu'il avait donné à l'église.

Après avoir quitté Velars, M. Roger fut successivement curé de Cheuge (1862), de Bonnencontre (1870), de Saint-Nicolas de Beaune (1886) : ce fut partout le même prêtre modeste, pieux et zélé.

Les loisirs que lui accordait un ministère actif, il les partageait entre la piété et l'étude. Ceux qui l'ont approché de plus près prétendent que sa vie intime renfermait des actes qu'on ne rencontre que dans la vie des saints. A Bonnencontre, M. Roger avait fait faire son cercueil et il s'y couchait, dit-on, tous les vendredis, les jours de quatre-temps, et plusieurs fois, chaque semaine, pendant le carême ;

quand il quitta cette paroisse, il y laissa le cercueil, pour servir à la sépulture du premier indigent qui viendrait à mourir. Ce qui, du moins, n'était un mystère pour personne, c'était la régularité de sa vie religieuse et les heures nombreuses qu'il passait à adorer le Saint-Sacrement.

Et le travail même n'était pour lui qu'une forme de la prière. En 1853, il fit rééditer l'*Histoire de Notre-Dame d'Etang*, par le P. Dejoux, provincial des minimes; il recueillit pour cela des notes précieuses concernant cette dévotion depuis la Révolution et ajouta un chapitre plein d'intérêt au livre du vieux moine. Il commença d'écrire la monographie du château de Bonnencontre; mais le manque de documents indispensables l'obligea à abandonner cette œuvre. Au reste, c'étaient les études ecclésiastiques qui avaient ses préférences. Les marges d'un des missels qu'il a laissés sont remplies de notes manuscrites qui, à elles seules, feraient un volume : il y détermine la valeur historique et y explique le sens, réel ou mystique, des cérémonies sacrées, et tout cela est mêlé de vues personnelles et de réflexions originales qu'on ne trouverait nulle part ailleurs.

Ainsi entretenu et éclairé, son zèle s'épanouissait, dans son ministère extérieur, en une charité sans borne et un dévouement sans égal. Sa générosité qu'un riche patrimoine lui permettait de satisfaire, était discrète et délicate; et c'est le soir, pour ne pas être vu, qu'il portait ses aumônes aux indigents de la paroisse. Sa bourse était largement ouverte à toutes les bonnes œuvres. En 1875, M. Roger offrit à la municipalité de Bonnencontre la jolie somme de 30,000 francs pour reconstruire l'église qui était dans un état de vrai délabrement : bien disposée cependant, mais prévoyant un surcroît de dépense auquel ses médiocres ressources ne lui permettraient pas de suffire, la municipalité n'agréa point ces généreuses propositions. En quittant cette église, M. Roger lui laissa du moins les statues de saint Joseph et du Sacré-Cœur et, à l'église de Charrey, avec les mêmes statues, la statue de saint Pierre.

Mais c'est aux âmes surtout que s'intéressait son zèle. Bien avant que nous prétendions les avoir découverts, il avait imaginé les cercles d'études comme moyen d'apostolat. Sa bonté conquérante attirait enfants et jeunes gens à la cure; et, par l'originalité de son caractère, l'attrait de causeries utiles et la variété des récompenses qu'il distribuait à propos, il savait les y retenir. Là même, il restait prêtre; et, s'il s'ingéniait, à l'occasion, pour combler quelques lacunes de l'instruction primaire, il faisait, avant tout, de ces réunions, un véritable catéchisme de persévérance. Il complétait ensuite la formation chrétienne des âmes en chaire et au confessionnal. Et toujours en défiance de lui-même, il suppléait à ce qu'il appelait son insuffisance, en multipliant les retraites et les missions : il n'est pas sans intérêt de noter ici qu'un de ses prédicateurs préférés, c'était M. Javelle, son successeur à Velars.

Et s'il continua jusqu'à sa mort une fidèle amitié au curé de sa première paroisse, il n'oublia pas non plus ses puissants patrons : saint Blaise et la Sainte Vierge. Il se trouva que saint Blaise était le patron de Charrey-sur-Saône, l'annexe de Bonnencontre : M. Roger se fit une pieuse obligation de relever le pèlerinage qui s'y faisait en son honneur. Et partout aussi, il s'appliqua constamment à développer le culte de la Sainte Vierge ; et ce culte prit, chez les autres comme chez lui, la forme locale de la dévotion à

Notre-Dame d'Etang. Si donc la Vierge d'Etang ne réalisa pas le dernier vœu de son loyal serviteur en le ramenant à Velars dans sa vieillesse, c'est sans doute qu'elle aima mieux hâter pour lui l'heure de la récompense éternelle ; toutefois sa suprême pensée fut réalisée et, le 15 avril 1890, sa dépouille mortelle ramenée à Velars, au milieu de son ancien troupeau, était solennellement conduite au lieu du repos, dans le cimetière qu'il avait bénit, aux pieds de Notre-Dame d'Etang.

CHAPITRE V

Vocation mariale de M. Javelle.

Avec M. Javelle, nous entrons dans une nouvelle phase de l'histoire de Notre-Dame d'Etang : c'est presque la période contemporaine. Ici, les documents abondent et la difficulté est de faire un choix. Il convient d'écarter d'abord — et nous n'y manquerons pas — les pièces douteuses ou insignifiantes qui, sans profit, chargeraient ce récit de détails controuvés ou oiseux; mais il n'importe pas moins de recueillir avec respect et de mettre en bonne lumière et à leur vraie place, dans l'ensemble du tableau, tous les éléments qui peuvent lui donner la vérité, l'intérêt et la vie. A cette condition, le lecteur croira revivre une histoire qu'en partie du moins il a vécue déjà et reconnaîtra, dans son cadre familier, la bonne figure souriante et la belle âme sacerdotale de M. Javelle.

Bernard Javelle, fils de Pierre Javelle et de Marie Petitot, naquit à Messigny le 28 novembre 1832. Quelques jours après, le 2 décembre, il faisait son entrée dans l'Eglise, par le saint baptême.

Est-ce par une sorte de divination de l'amour maternel ou, simplement, dans la pensée de mettre leur nouveau-né sous le patronage du plus grand saint de Bourgogne que ses parents donnèrent à l'enfant le nom de Bernard ? Quoi qu'il en soit, dès qu'il eut l'âge de raison, Bernard s'appliqua à imiter, parmi toutes les vertus de son saint patron, sa dévotion à la Sainte Vierge. Il en eut, du reste, bientôt une raison toute personnelle. Tombé dangereusement malade, ce fut par la prière et la prière à Marie qu'il fut sauvé. Près de trente ans plus tard, devenu curé de Velars et chapelain de Notre-Dame d'Etang, il n'hésite pas à reconnaître qu'il doit à la Sainte Vierge « tout ce qu'il possède de vie et de santé ».

Bernard fit sa première communion dans

l'église de Messigny, le 1ᵉʳ septembre 1844. Nous n'avons aucune note qui nous fasse connaître quelle fut, en cette circonstance, la sainteté de ses dispositions ; mais est-il si difficile d'imaginer ce que dut être la première rencontre de Jésus avec cette âme, préparée, pour ainsi dire, par les soins de Marie elle-même. Du moins, il importe de dire que la foi et la piété qu'il montra en ces années, le désignèrent à son curé pour le petit séminaire. Sur les conseils de M. Chané, qui desservit Messigny de 1833 à 1849, et grâce à la générosité d'une admirable chrétienne de la paroisse, Mᵐᵉ veuve Malardot, qui, jusqu'à la mort, sera heureuse de se dire la seconde mère de Bernard, l'enfant, presque jeune homme, entra à Plombières en 1847.

Comme élève, Bernard n'a point d'histoire. Sans être brillantes, ses études furent bonnes ; et, si son nom ne figure pas souvent dans les palmarès de l'époque, il est resté, dans le souvenir de ses maîtres, comme celui d'un travailleur consciencieux. Sa vie morale et religieuse fut plus intense et rayonnait autour de lui. Sa piété naïve, toujours à base de dévotion à Marie, élevait peu à peu et sanctifiait son âme; elle lui donnait déjà les saintes hardiesses et les influences conquérantes de l'apôtre. Il exerçait sur quelques-uns de ses condisciples un véritable et salutaire ascendant. L'un d'eux, le P. Barthet, entré chez les Jésuites, lui écrit d'Avignon, le 7 mai 1856 : « En relisant votre lettre pour la cinquième ou sixième fois peut-être, j'éprouve tout autant de joie qu'en la recevant ; je crois vous entendre me sermonner cordialement comme au petit séminaire : toujours cette aménité qui me captivait au milieu de mes plus grandes dissipations. Extérieurement, je n'y faisais pas bien attention ; l'indifférence était tout au moins la récompense de vos bons conseils ; néanmoins j'étais vivement impressionné : la preuve, c'est que ma mémoire en garde un fidèle souvenir. Le reproche au sujet de C... et lorsque je parlais de l'état militaire que j'avais en horreur, m'affligea beaucoup. D'autres fois, au contraire, vous laissiez dans mon cœur une grande consolation. Un dimanche du mois de Marie, vous me faisiez admirer, sous les grands tilleuls du jardin, certains textes des saintes Ecritures : *Nisi Dominus custodierit civitatem...* Ces petites paroles entretenaient la piété même dans un cœur aussi évaporé, aussi léger que le mien... » Une année après, le 18 juin 1857, le même Père lui écrit de Lons-le-Saunier pour lui annoncer sa visite : « Vous ne vous attendiez peut-être pas à cette visite. Tant de mois se sont écoulés depuis que votre aimable lettre sollicitait une réponse de ma part ! Mais si trois ans de silence n'ont pu me faire oublier mon cher ami Javelle, une seule année est encore moins capable de rompre les liens qui nous unissent en Notre-Seigneur... J'ai retiré autrefois de grands avantages de vos édifiantes paroles; que sera-ce donc maintenant, puisque, de mauvais sujet que j'étais alors, je suis entré en voie de conversion ?... » Et, sans doute, le cas du P. Barthet ne fut pas unique.

Vers la fin de sa rhétorique, une hémorragie de poitrine mit de nouveau sa vie en danger. Bernard était-il déjà mûr pour le ciel ? Sans lui cacher la gravité de son état, Mgr Rivet, qui visitait son petit séminaire au lendemain de cet accident, lui prodigua les encouragements et lui donna sa bénédiction. Tout espoir humain semblait perdu. Que se passa-t-il ? Nul ne le sait. Mais bien vite, contre toute attente, le malade se rétablit.

Dès le premier instant, et pour toujours, Bernard resta persuadé que Notre-Dame d'Etang lui avait, une seconde fois, sauvé la vie : il aimait plus tard à rappeler cette faveur personnelle devant les rhétoriciens qui, chaque année, venaient de Plombières pour mettre, sous la garde de la Vierge d'Etang, leur vocation et leur avenir.

Faut-il s'étonner qu'arrivé au seuil du grand séminaire, Bernard n'hésite pas à consacrer à Dieu une vie qui lui revenait à tant de titres ? Seule, la délicatesse de sa santé pouvait être un obstacle trop réel à la réalisation de ses désirs; et, plus d'une fois, elle inquiéta ses directeurs. Il fallut imposer à son humilité les précautions qui lui permirent de parcourir, du moins sans arrêt notable, si l'on s'en rapporte aux dates de ses ordinations, les cinq années de son grand séminaire. L'abbé Javelle fut tonsuré le 2 juin 1855, reçut les ordres mineurs le 17 mai 1856, le sous-diaconat le 17 mars 1857, le diaconat le 27 février 1858 et fut ordonné prêtre à Besançon le 29 mai de la même année.

Pendant tout ce temps, non seulement il supporta avec vaillance les fatigues que lui causaient ses études théologiques, mais il lui arriva, et peut-être plus d'une fois, de s'imposer ou du moins d'accepter un lourd travail supplémentaire. Dans sa sollicitude toute maternelle, Mme Malardot le lui reprochait doucement : « Quand donc serez-vous déchargé de cette pénible tâche ? Je ne comprends pas comment on peut vous la laisser ainsi tout entière ; ce n'est pas juste. » Que pouvait bien être cette rude tâche, sinon une étude particulière ou quelque œuvre de zèle ?

Car, pour achever de former son âme d'apôtre, M. Javelle ne négligea aucun des moyens providentiels que lui offrait le séminaire. Il chercha même ailleurs. Alors qu'il n'était que tonsuré, il s'enrôla, sous le nom d'Henri Dominique, dans le tiers-ordre dominicain. « Ainsi donc, cher ami, lui écrivait le P. Barthet, à la date du 7 mai 1856, il est très probable que, dans quatre mois, nous mettrons en contact l'habit de saint Dominique avec celui de saint Ignace. » On devine facilement le ferment de sainte émulation qu'un groupe de fervents tertiaires pouvait mettre dans la communauté ; mais quelles étaient leurs relations entre eux, voilà surtout ce qui nous intéresse ; et pour le bien comprendre, il faut se reporter à l'époque où l'abbé Javelle, déjà vicaire à Seurre, correspond par lettres avec les frères dominicains qu'il a laissés au grand séminaire.

Pieux et fervents confrères, « ils veillent les uns sur les autres pour se maintenir dans la bonne voie et s'exciter, par leurs conversations et leurs exemples, à y marcher d'un pas toujours plus rapide ». Une cordiale charité leur fait mettre en commun les joies et les peines. Du séminaire, on aide le jeune vicaire à porter les croix qui pèsent sur ses épaules, comme on s'avoue charmé, le jour où l'on apprend qu'il éprouve beaucoup de consolations dans le saint ministère. « Le 7 juin, lui écrit l'un d'eux, je chanterai ma première grand'messe à Puligny. Faites-moi l'honneur et l'amitié d'y venir... Vous y verrez, et en nombre, vos plus intimes amis, de vrais frères. » Tous pratiquent entre eux la monition fraternelle, à la fois loyale et discrète. La santé de l'abbé Javelle préoccupe ses frères : on lui fait promettre de ne pas la négliger ; aux approches du carême, on le met en garde contre les imprudences ; on lui recommande de prendre quelques soins « pour pouvoir servir le bon Dieu plus longtemps sur la terre ». Avec une liberté naïve et touchante, on se permet même quelques observations respectueuses sur son attitude à l'égard de sa sœur et on lui demande d'avoir pour elle plus de douceur et beaucoup de charité.

Le tiers-ordre est aussi une société d'assistance mutuelle par la prière. Au séminaire, on prie sans cesse pour celui qui travaille déjà dans le champ du père de famille; mais souvent aussi, surtout aux veilles d'ordination, on sollicite, avec les prières du jeune vicaire, celles des pieuses paroissiennes de Seurre. « Vous savez combien doit être préoccupé votre petit frère Henri, avec sa conscience un peu timorée, en face d'un acte si redoutable. C'est pourquoi, je recours, mon bien-aimé frère, à vos bonnes prières... » Partout enfin et toujours, par l'exemple et par la parole, on s'excite à plus de sainteté. Et c'est ici que l'abbé Javelle nous apparaît comme l'aîné, j'allais dire le père de cette petite famille dominicaine, entouré de la confiance absolue, et presque de la vénération de ses frères. Un jeune confrère, que l'exemple du vicaire a réconcilié avec les malades, dont auparavant il ne pouvait pas voir les plaies, devient infirmier au séminaire et voudrait plus tard se voir chargé de l'hôpital de Seurre. D'autres, à chaque instant et sous toutes les formes, lui demandent les conseils de son expérience. « Donnez-moi des conseils pour passer des vacances telles qu'un bon diacre doit les passer... » « Parlez-moi du prêtre maintenant que vous l'êtes et des vertus qui doivent en faire un vase d'élection. Que faisiez-vous au séminaire et qu'y feriez-vous, si vous redeveniez séminariste ? » « Je compte beaucoup sur une lettre pieuse de votre cœur tout sacerdotal et tout dominicain pour nous lancer dans la ferveur. »

Qu'il est regrettable que nous n'ayons plus les réponses que faisait l'abbé Javelle à tant de saintes provocations ! On les devine aisément ; mais combien nous serions plus heureux de les lire pour nous édifier et suivre, pas à pas, l'ascension de cette âme dans les voies de la sainteté !

Du moins, à lire seulement quelques extraits de ces lettres, qui, de Dijon, partaient à Seurre, prolongeant ainsi les relations intimes du séminaire, on voit dans quelle atmosphère de fervente piété et de sainte charité se forma le cœur sacerdotal de l'abbé Javelle. Il se sanctifie lui-même ; et, en même temps qu'il exerce autour de lui une bienfaisante influence, par d'utiles expériences, il apprend à manier et à diriger les âmes. Même à l'extérieur, ceux qui le connaissent ont déjà recours à ses lumières et Mme Malardot, sa *bonne mère*, lui voue une sincère gratitude pour ses bons conseils. D'autres, après en avoir joui plus ou moins longtemps, les regrettent, quand ils s'en voient privés. « Je ne suis pas à Dijon, lui écrit le P. Barthet, le 20 juin 1855 ; sans quoi, je t'aurais déjà vu cent fois : tu serais mon directeur et je n'agirais que d'après tes conseils. »

Et le temps même des vacances, qui initie le jeune clerc à la connaissance du monde et lui apprend à garder son âme des séductions et des pièges qui peuvent le surprendre, bien loin de marquer un temps d'arrêt dans la formation de l'abbé Javelle, lui devenait l'occasion d'un discret et fécond apostolat. Par la parole au besoin et toujours par l'exemple, il appuyait l'autorité de son curé ; et, en toutes circonstances, il secondait puissamment son action. M. Dubois, le célèbre auteur de l'abbaye de Morimont, qui, en 1849, avait succédé à M. Chané, avait en haute estime le jeune abbé et il ne craignait pas de dire de lui qu'il était la gloire de Messigny. N'était-ce pas dire que M. Javelle était bien prêt pour le sacerdoce ?

Il fut ordonné prêtre le 29 mai 1858 ; une image, gardée, dans une famille cruellement éprouvée, comme une relique de chers disparus, nous a conservé cette date. Il se trouvait ainsi que le futur chapelain de Notre-Dame d'Etang avait reçu, pendant le mois de mai, deux de ses ordinations, les ordres mineurs et la prêtrise. Cette coïncidence providentielle fut sans doute une joie et un aliment pour la piété filiale du nouveau prêtre à l'égard de la Sainte Vierge.

Aussitôt ordonné, la fatigue l'obligea à se retirer dans sa famille. A cette date, son curé dut prendre, lui aussi, un congé de convalescence : Mgr Rivet n'hésita pas à confier à l'abbé Javelle, improvisé curé, l'administration de la paroisse. Et il la garda jusqu'au retour de M. Dubois.

Ce premier contact direct avec les âmes lui ménagea-t-il quelque déception ? Les responsabilités que le ministère paroissial accumule sur la tête du prêtre effrayèrent-elles alors plus que de raison son excessive modestie ? Rêvait-il seulement de jouir mieux du Jésus de sa première messe, dans l'intimité plus sereine de la vie contemplative ? Il ne l'a pas dit ; mais c'est à ce moment que l'abbé Javelle alla consulter le curé d'Ars sur ses vagues attraits pour la vie religieuse. « *Non, non,* lui répondit M. Vianney, après avoir reçu ses confidences, *vous serez curé de campagne ; vous bâtirez une chapelle en l'honneur de la Sainte Vierge ; puis, peu de temps après, vous mourrez en l'une de ses fêtes.* » M. Javelle n'hésita pas à voir dans cette parole, qui était en réalité le programme prophétique de toute sa vie, l'expression des desseins de Dieu sur sa personne et il se décida à entrer dans le ministère paroissial.

Au jour de la Nativité de la Sainte Vierge, il fut nommé vicaire à Seurre. Il partit aussitôt ; mais il laissait de gros regrets parmi les parents et amis qui le possédaient depuis quelques mois. Près de deux ans après ce départ, à l'occasion d'une fête de première communion, Mme Malardot lui écrivait encore : « A cette cérémonie si pleine d'émotion, l'abbé Javelle manquait et je m'en suis bien aperçue... Vous saviez si bien remplir les fonctions qui vous étaient confiées ! Nous vous regrettons là et partout aussi où vous nous faites faute et c'est souvent... » Mais lui, sans regarder en arrière, brise un présent aimé pour se donner tout entier à son nouveau devoir. A Seurre, dès le premier jour, sa vie fut une vie de prière, d'étude et de zèle.

M. Bauzon, supérieur du grand séminaire, lui écrivait vers cette date : « Continuez à vous livrer à l'esprit et à la grâce de votre sacerdoce. Faites voir que vous avez reçu abondamment cette grâce sacerdotale et que vous en suivez, constamment et généreusement, les inspirations et les mouvements. Ne suivez pas aveuglément votre attrait pour le ministère : relisez les ouvrages qui peuvent l'éclairer ; consultez les prêtres sages et expérimentés ; réfléchissez... » Toute cette lettre était une invitation pressante à la prière et à l'étude : l'abbé Javelle sut comprendre et mettre à profit ces conseils. Jusqu'à sa mort, sa piété fut celle d'un fervent séminariste. Quant à l'étude — ses examens de jeune prêtre en font foi — il sut lui réserver sa place, même au milieu du ministère le plus absorbant. Ainsi nourri de solide piété et éclairé de vraie science, son zèle devait être fécond et il le fut.

Les amis de l'abbé Javelle s'étaient étonnés que l'administration l'eût choisi pour le vicariat de Seurre, « où un plus robuste n'eût pas été en sûreté ». En dépit de leurs tristes prévisions, le nouveau vicaire, dès l'abord, suffit à tout. « Il faut, lui écrit-on bientôt, que le bon Dieu vous donne vraiment des forces extraordinaires pour résister à ce torrent de besogne : confessions, enterrements, visites de malades viennent fondre sur vous comme sur un saule flexible placé au bord de l'eau... » Ce qui le fatigue davantage et, à certaines heures même, le décourage, c'est la confession des enfants; peu à peu cependant, sa charité leur devient d'autant plus pitoyable qu'il les trouve dans un plus triste état. Sa dureté pour lui-même autant que son zèle pour les âmes effraient le P. Barthet. Souvent le Père jésuite pense à son ami, ou pour demander à Dieu de l'aider, ou pour s'encourager au bien. « Pendant l'année, votre souvenir m'excite, parce que vous suez et que vous supportez un fardeau plus lourd que le mien ; mais, pendant les vacances, il me couvre de confusion. Autant qu'il est en moi, je m'unis d'esprit et de cœur à vos pénibles occupations. »

Ce qui anime et soutient le jeune apôtre, ceux-là le savent qui, pour lui être agréables, lui souhaitent, non pas les richesses ni les honneurs, mais « une robuste santé et une longue vie, afin qu'un jour il arrive au ciel avec une belle couronne d'âmes sauvées par ses vertus et ses travaux ». M. Bauzon voit avec bonheur le cher lévite qu'il a préparé et présenté au sacerdoce marcher à pas si rapides dans la voie de la vérité. Un peu partout autour de lui, on parle déjà de son talent à ramener les âmes. Et comme la distance ne fait rien en cette affaire, même du dehors, on commence à recommander des pécheurs à ses prières.

C'est qu'il ne manque même plus à l'abbé Javelle la salutaire expérience de la souffrance qui purifie, élève et instruit. Sans cesse, il était obligé de compter avec sa santé et ses forces, et c'était une humiliation pour l'ardeur de son zèle. Dès l'année 1859, la mort lui enlevait une aide précieuse dans la personne de sœur Catherine, religieuse d'un caractère viril, d'une foi éclairée et agissante. Et surtout, parmi les épreuves de sa vie nouvelle, le vicaire ne trouva pas toujours, dans son curé, le conseil et l'appui qu'il en pouvait attendre.

Effarouché par ces difficultés, dont la première expérience est toujours une surprise décevante, l'abbé Javelle sollicita son changement. Sans doute parce qu'il approuvait sa conduite, Monseigneur voulut le maintenir à son poste. Ce refus attrista l'abbé qui, dans l'épreuve, sentit confusément renaître en lui le désir de la vie religieuse. Heureusement, des conseils autorisés l'empêchèrent de succomber à cette tentation qui l'eût jeté hors de sa voie. Et l'acceptation généreuse de croix qui lui apparurent désormais avec leur caractère providentiel, lui valut du moins une connaissance plus juste de la misère humaine et, dans les derniers mois de son séjour à Seurre, un retour d'estime et d'affection de la part de son curé.

Au milieu de ces ennuis, qui, à la longue, deviennent singulièrement déprimants, Dieu ménagea à l'abbé Javelle le réconfort de loyales et saintes amitiés, dont quelques-unes fort honorables. Est-il besoin de rappeler la féconde correspondance qu'il entretenait avec ses frères dominicains du grand séminaire ? Mme Malardot ne cesse de lui prodiguer les conseils et toutes les délicatesses d'une sollicitude maternelle; mais elle lui réclame, en retour, l'appui de ses prières et lui demande de porter à l'autel, quand elle sera morte, le souvenir de son âme. De Selongey, on le remercie de ses gentilles lettres, que rend trop rares le surcroît de besogne; et les deux vicaires s'encouragent « dans la pénible et, en apparence, ingrate carrière où ils sont entrés ». De la part d'un séminariste qui avait passé avec lui une délicieuse journée de vacances, il accepte le rendez-vous qu'un noble croisé donnait jadis à son épouse : « Quand vous voudrez me voir, vous n'aurez qu'à me regarder dans le divin côté de Jésus, vous me trouverez toujours là. » Le P. Barthet, qui n'oublie pas ce qu'il lui doit, le presse de venir faire une retraite à Montgré où il sera accueilli à bras ouverts; et pour l'y décider, il lui promet de parler beaucoup avec lui de Plombières, et de le mener à Ars, s'il le désire. Le frère Dr..., un tertiaire, le prie de le recevoir quelques jours chez lui pour « parler à cœur ouvert de leur saint état, des intérêts de la fraternité et de beaucoup de choses pratiques ». Un autre frère en Jésus-Christ et saint Dominique lui demande un souvenir au saint autel : « Que Jésus-Christ, porté par nos faibles mains, nous écoute avec bonheur, exerçant, dans un si délicieux instant, notre charité. C'est là que je vous donne rendez-vous tous les matins. En attendant, prenez votre crucifix ; fixez-le quelques instants avec amour, et demandez-lui le baiser que je dépose sur le mien pour vous : Il vous le rendra, plus affectueux et plus pur. »

Mais la correspondance dont il nous reste, dans les papiers de l'abbé Javelle, les traces les plus nombreuses et les plus intéressantes, c'est celle qu'il entretient avec le secrétaire particulier de Mgr Rivet. A la confiance toute filiale du jeune prêtre, M. Pillot daigne répondre par une affectueuse sollicitude. Dès qu'il s'agit de la santé de son benjamin, rien ne lui paraît négligeable ; et après être descendu, dans ses lettres, aux plus minimes détails de régime ou d'hygiène, pour s'assurer une soumission plus complète, il fait appel aux grandes vertus d'humilité et d'obéissance. Il l'éclaire de ses conseils, le console de ses échecs, l'encourage dans ses succès ; on se concerte sur l'objet de prédication pour un mois de Marie que l'abbé Javelle doit présider ; et M. Pillot lui indique, à l'occasion, un ouvrage à consulter et parfois même lui réserve quelques volumes dont il peut disposer. Si l'abbé Javelle éprouve quelque scrupule d'avoir, pour ainsi dire, négligé Dieu pour les âmes, M. Pillot l'en console : « Ne vous inquiétez nullement, pendant ce temps de moisson spirituelle, d'avoir omis vos exercices de piété. Oh ! que ce que vous avez fait a été plus agréable à Dieu et plus salutaire pour votre âme que ne l'auraient été vos oraisons interrompues, vos lectures et vos chapelets abandonnés ! » C'est surtout dans les difficultés qu'il eut avec son curé que M. Pillot lui fut toujours un prudent conseiller et un ferme soutien. Il calme, au début, ses étonnements un peu naïfs ; il lui explique le côté providentiel de cette épreuve ; il lui trace une ligne de conduite ; quand il en est besoin, il lui indique ce qu'il doit confier à Monseigneur, ainsi que le temps et la manière de le faire ; il se réjouit avec lui du rapprochement inattendu de M. le curé ; il le met en garde contre un retour possible des mêmes ennuis et des mêmes difficultés. D'un mot, en toute cette affaire, M. Pillot fut pour M. Javelle quelque chose de mieux qu'un directeur prudent : il ne cessa de lui témoigner une affection et un dévouement vraiment paternels.

Au mois d'août 1861, la cure de Velars devint vacante par le départ de M. l'abbé Roger. La tendre dévotion de M. Javelle à Notre-Dame d'Etang le désignait pour ce poste : Monseigneur le lui proposa. L'abbé Javelle se rappela alors les paroles du saint curé d'Ars ; et, malgré la faiblesse de sa santé, il accepta sans hésitation. Par une délicate attention de l'évêché, cette nomination fut rendue publique au jour de la Nativité de la Sainte Vierge ; et le nouveau curé prit possession de son poste le 15 septembre suivant.

Ces trois années d'un pénible, mais fécond ministère laissèrent, à Seurre, un long et reconnaissant souvenir. On y pleura le départ de l'abbé Javelle ; on y regretta sa direction et ses conseils ; on réclama ses prières auprès de Notre-Dame d'Etang ; on ne sut comment lui marquer sa gratitude : « Que n'êtes-vous encore à Seurre, lui écrit-on au mois de décembre? Pourquoi vous êtes-vous enfui? Si la reconnaissance seurroise peut un jour diminuer, je vous assure que la mienne ne fera qu'augmenter à mesure que j'apprécierai mieux le trésor que la divine Providence avait su me prodiguer et qu'Elle m'a enlevé... »

Est-il encore besoin d'un témoignage plus autorisé pour reconnaître le bien que l'abbé Javelle avait fait à Seurre et l'estime qu'il s'y était acquise? C'était au plus fort des démêlés du curé et de son vicaire. M. Pillot crut devoir appeler sur la situation de l'abbé l'attention de Monseigneur. Presque mis en demeure de se prononcer, Monseigneur fit, en plein conseil, l'éloge du vicaire, et ne craignit pas de dire qu'il était « la cheville ouvrière de Seurre ».

CHAPITRE VI

Le curé et la paroisse.

Dès que le curé de Seurre avait connu la nomination de son vicaire à Velars, il avait voulu écrire à Monseigneur pour le prier de le lui laisser. L'abbé Javelle ne s'opposa pas à cette démarche; mais il exprimait ses vrais sentiments dans une lettre confidentielle à M. Pillot.

Aussitôt sa nomination reçue, il était allé la déposer aux pieds de la Sainte Vierge et lui consacrer ses nouveaux paroissiens. Certes il quittait Seurre avec regret, mais il était heureux du moins de se rapprocher de sa famille et de se retrouver presque « au centre des ressources religieuses pour la direction et la confession ». Il avait toujours vu la volonté de Dieu dans celle de ses supérieurs ; et, s'il restait à Seurre, il lui semblerait maintenant qu'il n'est pas là où Dieu le veut. Il se rappelait la protection spéciale que Notre-Dame d'Etang lui avait accordée à la fin de sa rhétorique ; il osait penser que la Providence lui ménageait cette nomination pour qu'il puisse travailler, sous les auspices de la Vierge d'Etang, au salut des âmes.

En dépit des instances de M. le curé de Seurre, la nomination fut maintenue, et, à la fin d'août, l'abbé Javelle adresse à Mgr Rivet cette belle expression des sentiments d'un vrai prêtre : « Je ne m'attendais pas à ce que Votre Grandeur daignerait me nommer sitôt à la direction d'une paroisse, et surtout d'une paroisse aussi importante que celle de Velars et qui m'est déjà chère à plus d'un titre. Je viens vous en témoigner toute ma reconnaissance et vous assurer que je m'efforcerai de mériter la confiance dont vous voulez bien m'honorer. Je ne me dissimule pas la charge qui va peser sur mes épaules encore sans expérience. Mais ce qui me rassure, c'est qu'un autre a planté ; à l'aide des bons conseils que la proximité de ma paroisse me mettra plus à même de recevoir de vous, Monseigneur, je tâcherai d'arroser; et j'unirai mes prières aux vôtres afin que Dieu donne l'accroissement. »

Le nouveau pasteur allait donc à ses ouailles comme un apôtre y doit aller. De son côté, la paroisse, qui le connaissait déjà, lui réservait le meilleur accueil : « En apprenant votre nomination, lui écrivait M. Morelet, maire de Velars, je m'en suis réjoui sincèrement. Rien, en effet, ne pouvait nous être plus agréable que le choix d'un ecclésiastique qui, ayant été élevé à l'ombre de nos montagnes, connaissait déjà notre pays, nos populations et pouvait apprécier d'avance sa propre tâche et nos besoins. D'ailleurs, les excellents souvenirs que vous avez laissés parmi ceux qui vous ont connu et l'opinion générale du public étaient un précieux témoignage que nous avons été heureux de recueillir. Ces sentiments ne me sont point uniquement personnels; ils appartiennent à la population, dont vous êtes désormais le pasteur et dont je suis ici l'interprète. Vous trouverez parmi elle des dispositions excellentes et qui s'allient, dans une juste mesure, aux regrets laissés par votre prédécesseur. » Malheureusement, il ne reste, ni dans les archives de la fabrique ni ailleurs, aucun souvenir de son installation.

Sans doute l'abbé Roger avait fait beaucoup de bien à Velars : il laissait pourtant une rude besogne à son successeur. Sans parler de la cure où d'urgentes réparations s'imposaient, il fallait aménager de suite la nouvelle église ; et surtout, si du moins l'on s'en rapporte aux impressions du P. Barthet, la population de ce pays industriel apparaissait comme un troupeau affamé et amaigri. Bien qu'à cette date, il eut encore quelque arrière-pensée d'entrer dans l'ordre de Saint-Dominique, l'abbé Javelle se donna sans réserve à son ministère de curé.

Dans les conseils que M. Pillot lui avait prodigués à l'occasion de sa nomination, il lui recommandait, par-dessus tout, la prudence et la charité : « Les pauvres forgerons devront occuper une grande place dans votre zèle et autant dans votre cœur. » L'abbé Javelle eut vite conquis le cœur de son peuple ouvrier. Et quand, quelques mois après son arrivée, la forge tomba sans espoir de se relever jamais, il arriva au P. Barthet de rencontrer à la gare cinq ou six femmes des ouvriers qui partaient de Velars avec leurs petits enfants : « Elles ressemblaient à des exilées, écrit-il, et les larmes aux yeux, l'une d'elles disait à ses compagnes combien il lui était pénible de quitter un pays où *il y avait un si bon prêtre qui se sacrifiait pour elles.* » L'abbé Javelle devait rester aussi populaire auprès des verriers, qui, l'année suivante, succédèrent aux forgerons.

Sans rien négliger de ce qui intéresse les âmes, l'abbé Javelle dirigea aussitôt le principal effort de son zèle extérieur vers l'aménagement de l'église. L'œuvre était difficile, car la commune, qui s'était lourdement imposée pour la construction, restait sans ressources : il fallait chercher ailleurs. Après avis du conseil de fabrique et avec l'approbation de Monseigneur, l'abbé Javelle commença par fonder, à perpétuité, une messe basse pour tous les bienfaiteurs de son église : c'était, à la fois, marquer sa reconnaissance aux anciens et en susciter de nouveaux. Au reste, il fut, dans toute cette œuvre, puissamment secondé par la famille Morelet (1).

Le maître-autel était celui des Minimes. Pour la chapelle de la Sainte-Vierge, on se contenta, en attendant mieux, du petit autel de la vieille église ; quant à l'autel de Saint-Blaise, qui restait le titulaire de la nouvelle église et le patron de la paroisse (2), il fut le fruit de la générosité de Mgr Rivet et des paroissiens. Un peu plus tard, en 1865, le dimanche de la Passion, après la grand'messe, on bénit l'autel de Saint-Sébastien où l'on disposa les reliques du saint. Le chemin de croix, choisi d'après les indications de M. Caillot et de M. Morelet, fut donné et inauguré par M. le curé de Cheuge. L'empe-

---

(1) Pour reconnaître « le zèle persévérant et la générosité » de M. Arthur Morelet et de Mme Morelet, le conseil de fabrique, dans la séance où il décida la fondation d'une messe basse à l'intention des bienfaiteurs de l'Eglise, offrit à la famille Morelet la concession, à perpétuité, du premier banc du côté de l'épître. L'offre du conseil fut unanime : M. Morelet l'accepta dans toute sa teneur.

(2) L'abbé Javelle eut voulu mettre la nouvelle église sous le vocable de *la Visitation :* Monseigneur ne se crut pas le droit de changer le patron d'une paroisse.

reur offrit un dais ; Mme de Saint-Yon, née Morelet, un beau lustre en cristal... Le conseil municipal vota, à diverses reprises, les sommes nécessaires à la réparation de la chaire et du confessionnal, à l'installation des fonts baptismaux, à la pose de l'appui de communion qui venait du couvent des Minimes. Mme Lermier, de Dijon, prépara une niche pour la statue miraculeuse. Ce ne fut que plus tard, en 1867 et 1868, qu'on commença à installer les statues et à poser les vitraux (1), œuvres de M. Gsell-Laurent, peintre-verrier à Paris ; mais, dès le 2 juin 1863, Monseigneur, venu à Velars pour la

---

(1) L'église de Velars, outre l'image miraculeuse, renferme les statues du Sacré-Cœur, de Notre-Dame de Lourdes ; de saint Blaise, patron de la paroisse ; de sainte Anne, de saint Joseph, de saint François de Sales et sainte Jeanne de Chantal, pèlerins de Notre-Dame ; de saint Bernard, de saint Augustin, de saint Antoine, de sainte Germaine, de saint Louis et de saint Georges.

Les vitraux du chœur représentent, au centre, saint Pierre et saint Paul, donnés par la famille Dubard ; à droite, saint Joseph, donné par M. J. Pingat, et à gauche, sainte Agnès, donné par la famille Morelet.

Les vitraux de la chapelle de Notre-Dame rappellent la découverte de la statue miraculeuse et l'audience de M. Javelle au Vatican, quand il obtint du pape, pour le sanctuaire, les faveurs de Lorette.

confirmation, fut émerveillé de ce qui était fait déjà et adressa à qui de droit de publics éloges.

Dans le même temps, l'abbé Javelle travaille à enrichir son église de reliques et de reliquaires : grâce à ses relations, grâce surtout à la particulière bienveillance de M. Pillot, ce fut chose relativement facile. Monseigneur fait don d'une parcelle de la vraie croix ; une dame procure des reliques de saint Jean de Réôme et de sainte Reine dans deux reliquaires d'argent ; le frère Isme envoie de Paris un reliquaire qui renferme des reliques de saint Blaise, de saint Bernard, de saint Pierre et saint Paul. Et le trésor s'accroît sans cesse. Inutile d'en épuiser ici le détail ; mais il n'est pas permis de passer sous silence les deux reliquaires, de forme ovale, qui furent offerts à l'église de Velars par une mendiante.

Tel est le cadre où l'abbé Javelle veut voir se dérouler de superbes cérémonies. Il a reçu de l'évêché licence de faire, à son gré, de ses enfants de chœur, des évêques ou des cardinaux ; et bientôt le chœur des jeunes filles exécute les chants avec tant de perfection que, la première fois qu'ils l'entendirent,

Monseigneur et M. Pillot le crurent d'abord composé de chanteuses de Dijon. Aussi, lorsque le 15 juin 1862, Mgr Rivet vint en personne bénir le nouveau sanctuaire, grâce au concours de toutes les bonnes volontés, la fête eut un éclat extraordinaire : c'est au soir de cette journée qu'il installa solennellement la statue miraculeuse de Notre-Dame d'Etang dans la nouvelle église. L'année suivante, Monseigneur revint deux fois à Velars : le 2 juin, en faisant la visite canonique de la nouvelle église, il y confirma 85 enfants de Velars, 23 de Plombières, 25 de Prenois ; le 4 octobre, sur l'invitation de M. Leverne et ayant en mains une crosse en verre préparée par les ouvriers, il bénit le premier four de la verrerie. Il est vrai que ces cérémonies épiscopales tranchaient sur l'ordinaire ; mais toutes les fêtes eurent, désormais, à Velars, une solennité particulière, et, parmi toutes, la fête de saint Blaise et celles de l'Annonciation et de la Visitation.

Entre temps, M. Javelle continuait, élargissait l'œuvre de la bibliothèque paroissiale ; et, en attendant que la question se posât de la rendre communale, il soutenait, seul ou à peu près, les deux religieuses qui dirigeaient l'école libre. Et si cette activité n'épuisait pas son zèle, elle avait déjà, plus d'une fois, compromis sa santé. En 1862, la maladie l'avait obligé à aller se reposer quelque temps à Messigny. A ce moment et plus tard, Mme Malardot intervient souvent et gronde ; M. Pillot multiplie les recommandations et les ordres; Monseigneur joint son ordonnance à celle des médecins et charge les professeurs du petit séminaire du service de Velars; il n'est pas jusqu'à un Père prieur des Dominicains qui ne lui écrive, comme si déjà il s'adressait à un novice, pour lui interdire les pénitences corporelles. Rien n'y fait : le zèle parle plus haut que tous les amis et tous les supérieurs ; et M. Javelle continue à se donner sans réserve à sa paroisse qui, du reste, le lui rend bien.

Cependant, vers 1866, le conseil municipal, qui avait, trois ans auparavant, voté les fonds nécessaires pour restaurer la cure, parle de supprimer le supplément de traitement de 200 francs qu'il sert au curé depuis près de vingt ans. Etait-ce là simple souci d'économie ou n'y avait-il pas déjà, dans cette proposition, le premier essai d'une opposition qui, si particulière qu'elle soit, n'en deviendra pas moins, avec le temps, plus haineuse et plus violente ?

Le 6 mai 1866, M. Javelle répond à cette tentative du conseil :

« J'apprends, Messieurs, que quelques-uns d'entre vous trouvent que le supplément de traitement accordé au curé de Velars, depuis plus de dix-huit ans, pour lui aider à se procurer les premières nécessités de la vie, est aujourd'hui superflu.

» Je ne veux pas qu'une chose qui, au point de vue de mon ministère, est d'aussi minime importance, devienne pour vous un sujet de division. Je vous l'abandonne donc d'un aussi grand cœur que j'ai abandonné la quête de passion et d'autres droits. Je me condamnerai bien volontiers au pain sec, si, à ce prix, je puis faire quelque bien à vos âmes.

» Mais il est une œuvre à laquelle j'ai employé, chaque année, bien d'autres sommes que le supplément de traitement et qu'il me coûte d'abandonner, parce qu'elle tient à l'honneur de votre commune : c'est l'embellissement de votre église. L'œuvre est à peu près terminée ; mais il me reste des frais à payer. Je demande donc à votre honneur, Messieurs, que vous appliquiez au paiement des dettes intérieures de l'église, qu'il me sera aujourd'hui de toute impossibilité de payer, le montant du supplément que vous croyez aujourd'hui superflu.

» Agréez, Messieurs... »

Quoi qu'il en fût des intentions de quelques conseillers, le sentiment de l'honneur resta, cette fois du moins, le plus fort. Le conseil vota le supplément et ne refusa pas de concourir au paiement des dettes qu'avait occasionnées l'aménagement intérieur de l'église. Bien plus, l'année suivante, il votait la somme de 34 francs pour niveler le terrain qui entourait l'église et y planter une haie.

En 1868, Mme Morelet mourut à Velars. Après M. le curé, c'était sans doute la personne qui avait le plus contribué à bâtir et à orner l'église : une plaque funéraire fut placée à la chapelle Saint-Blaise, qui rappelle, avec la foi vive de cette femme, ses qualités d'esprit et de cœur. Cette même année, M. Bouzerand, vicaire général, vint reconnaître et installer solennellement des reliques que l'évêque d'Autun, Mgr de Marguerie, avait offertes à l'église de Velars. Enfin, dans sa séance annuelle, le conseil de fabrique élut deux nouveaux membres, Jules Delaborde et Auguste Lanier, pour remplacer P. Chauvenet, décédé, et Louis Layer qui avait démissionné.

L'abbé Javelle se rendait-il déjà compte des dispositions hostiles d'un petit nombre de ses paroissiens ? Il est probable ; et c'est sans doute ce qui fit renaître en lui le désir de quitter et sa paroisse et le ministère. Il songeait à entrer chez les missionnaires de Sainte-Garde, à Orange ; et, vers cette date, il adressa à leur supérieur une lettre d'admission. Le 10 juin 1869, le P. Bonnet lui répond qu'il en a pris bonne note, l'engage à solliciter le consentement de Mgr Rivet et à faire, cependant, dans sa paroisse, l'année de *postulat* qu'exigent les constitutions. Cette année s'achevait à peine qu'éclatait (juillet 1870) la guerre franco-allemande. Ce n'était plus le moment pour un vrai pasteur d'abandonner son troupeau. M. Javelle resta dans sa paroisse au risque d'y perdre et son honneur et sa vie.

Comme tous nos villages envahis, Velars fut, pendant la guerre, ruiné par les réquisitions et les pillages, terrorisé par les menaces et les gestes d'un ennemi sans pitié. Nous ne nous arrêterions pas à ces tristes pages de notre histoire, si elles ne s'illustraient, pour cette commune, d'un douloureux incident dont le curé fut, à la fois, la victime et le héros.

Au 4 septembre, M. Morelet et tout le conseil municipal démissionnaient. Le préfet de la Côte-d'Or nomma d'office pour les remplacer une commission administrative présidée par M. X... Quand, par son courage en face de l'ennemi, M. Javelle eut préservé sa paroisse d'un premier pillage, mal inspiré par la jalousie ou la haine, M. X... accusa sans vergogne M. le curé d'avoir pactisé avec les Allemands et trahi son pays en dénonçant les francs-tireurs qui avaient cherché, dans le village, une embuscade facile et sûre. Le 12 novembre, à 9 heures 1/2 du soir, deux huissiers se présentèrent à la cure, accompagnés de M. X... et d'un garde national, pour arrêter le curé et le conduire à la prison de Dijon. Jeté dans un cachot, l'abbé Javelle y fut tenu au secret pendant plus de quatre jours. Dès le 14, Monseigneur lui faisait parvenir, avec sa bénédiction, l'assurance de son estime et de sa paternelle affection, « qu'une calomnieuse accusation n'a point affaiblie »; et, deux jours après, au nom de la paroisse,

M. Morelet exprimait à M. Javelle la commune indignation de tous et le félicitait d'avoir été la victime d'une véritable persécution. Assez vite, heureusement, l'instruction établit la complète innocence du prévenu et conclut à sa mise en liberté immédiate.

Pour rendre un public hommage à la vertu de ce prêtre calomnié, l'administration diocésaine voulut le nommer à un doyenné. Mais les réclamations, les suppliques des habitants de Velars affluèrent sous toutes les formes, à l'évêché; M. Javelle lui-même ne pouvait se résigner à abandonner l'œuvre de Notre-Dame d'Etang : Monseigneur revint sur sa décision et maintint M. le curé à son poste.

Cependant, tout le monde désirait qu'à défaut d'autre compensation, on accordât du moins à ce prêtre une réparation méritée. Le retour dans sa paroisse devait en fournir l'occasion. Mais le moment était-il propice pour une démonstration de cette nature ? M. Morelet ne le pensait pas. Il régnait alors à Velars comme une sorte de terreur. Sans compter que les Prussiens y multipliaient des réquisitions, qui souvent tournaient au pillage, M. X... continuait à tyranniser le pays : dans ces circonstances, prendre ouvertement parti pour M. le curé, c'était encourir son ressentiment; et l'on craignait, avec quelque raison peut-être, qu'il ne désignât à la malveillance de l'ennemi ceux qui lui feraient cet acte d'opposition. Il fut décidé que le retour de M. Javelle serait ajourné.

En attendant le moment opportun, le curé de Velars s'installa à Dijon. Et tandis que les soldats blessés, même les Garibaldiens, le réclamaient dans sa paroisse, il prodiguait son dévouement dans les ambulances de la ville ou chez les Frères des écoles chrétiennes. C'est dans ces jours de loisirs relatifs qu'il écrivit le récit de sa captivité. Je n'en retiens que la fin, où, sous le coup de l'épreuve, sa belle âme sacerdotale rend un son si apostolique. « Les souffrances physiques des journées de prison et de la maladie qui en fut la suite; les souffrances morales, causées surtout par l'éloignement d'un peuple que j'aime et dont j'aurais voulu partager toutes les angoisses et les calamités (1) et fortifier le

---

(1) Pendant les quelques mois d'absence de son curé, Velars essuya toutes les horreurs de la guerre. Les habitants étaient littéralement pillés par les Prus-

courage par les secours de la religion ; l'amertume plus grande encore de me voir éloigné du saint autel et privé des grâces puissantes dont j'avais pour moi-même un si grand besoin : tout cela me donne un droit, celui de pardonner... »

Tant de courage dans la souffrance et de mansuétude dans la charité ne désarmèrent pas à Velars toutes les inimitiés. Il s'en trouva encore pour exploiter, contre M. Javelle, son absence prolongée : le 16 mars, M. Pillot l'invitait à rentrer au plus tôt dans sa paroisse, car « on abusait de son absence et son retour était urgent ». Cette invitation de l'autorité répondait au plus cher désir de l'abbé Javelle. Avec un généreux entrain, le pasteur reprit sa croix d'état; et en dépit de tous les obstacles et de toutes les déceptions,

---

siens ; la cure, la maison des sœurs ne furent pas épargnées ; l'église elle-même se vit envahie une première fois, le 20 décembre, par les soldats ennemis ; une seconde fois, de façon plus odieuse, le 27 décembre, par les Garibaldiens. C'est dans ces circonstances que, pour éviter une profanation sacrilège, un tout petit enfant, porté par son père, vint, en l'absence du prêtre, prendre au tabernacle le saint ciboire pour le retirer à la sacristie. La poésie a chanté ce geste si gracieux et si touchant dont les anges du ciel durent être jaloux.

malgré l'épuisement de forces trop souvent défaillantes, il la porta sans faiblir jusqu'à sa mort.

De retour à Velars, son premier devoir fut de réconcilier l'église, deux fois profanée pendant la guerre : la cérémonie de réparation eut lieu le quatrième dimanche de Carême. Et le culte reprit, après plus de quatre mois d'interruption. Dans la suite, l'abbé Javelle (1875) fit régulariser par le conseil municipal la donation verbale que Mme Morelet avait faite du terrain de l'église ; et il obtint, la même année, que M. Morelet donnât à la fabrique l'emplacement qui entourait l'édifice. Pour assurer au culte quelques ressources, en même temps que pour multiplier les suffrages en faveur des défunts, à l'occasion, il favorisait les fondations de messes, sans se douter du sort qu'un avenir prochain ménageait à ces réserves sacrées. Entre temps, il complétait, à mesure qu'il le pouvait, l'aménagement intérieur de l'église : il l'enrichissait de reliquaires, il l'ornait de statues de saints, de ces saints surtout qui sont les plus chers à la Bourgogne. Nous verrons, en son lieu, comme il consacrait la part privilégiée de son cœur et de ses ressources à la chapelle de Notre-Dame d'Etang. Mais ce qu'il voulait de préférence introduire dans son église, pour en faire au Jésus de l'Eucharistie une couronne d'honneur, c'étaient des âmes, nombreuses et ferventes.

Il déploie, dans cette pensée, toutes les industries d'un zèle ardent et d'une charité apostolique. A ce point de vue, l'abbé Javelle n'a point d'histoire ou plutôt son histoire ressemble à celle de tous les bons curés. Il continue l'œuvre de ses prédécesseurs et, par tous les moyens, cherche à la rendre plus féconde. Le 22 février 1881, il établit à Velars l'association de la Sainte-Enfance où il enrôle, dès le bas âge, les petits de la paroisse. Il veille, avec un soin jaloux, sur son école religieuse, qui complète l'éducation du catéchisme; il en entretient les bâtiments, même aux dépens de ceux de la cure; il subvient aux besoins des sœurs; quand il le croit utile, il exalte leur dévouement et provoque, à leur endroit, la reconnaissance de la commune (1). Même après

---

(1) A la mort de sœur Fulgence (1880), M. le curé obtint du conseil municipal la concession à perpétuité de la place où elle repose au cimetière.

qu'une décision de l'inspecteur primaire a installé à Velars une école de filles avec une institutrice laïque, il continue encore, pendant treize ans, une concurrence qui ne s'inspire d'aucune arrière-pensée d'hostilité, mais du seul désir d'arracher l'âme des enfants aux prises de l'athéisme officiel : il ne rend les armes que quand la lutte est devenue absolument impossible sur ce terrain. Dès 1874, il avait conçu le dessein de fonder une maison de religieuses qui soigneraient les infirmes et prépareraient les mourants à la réception des sacrements : s'il ne put réaliser ce projet, il s'ingénia du moins à se rendre utile aux malades pour gagner plus sûrement leur âme à Dieu. Il tâchait enfin d'entretenir la vie religieuse de la paroisse, en multipliant les fêtes et en donnant le plus d'éclat possible aux cérémonies. Malgré tant de pieux efforts, les âmes s'éloignaient, emportées par le vent d'impiété qui commençait à souffler plus violent ; les pratiques religieuses diminuaient ; pour la communion pascale en particulier, les statistiques du pasteur accusent, chaque année, un déchet que rien n'expliquait ni ne compensait.

Deux fois, dans le cours de son ministère, en procurant à sa paroisse le bienfait d'une mission, l'abbé Javelle essaya de ressaisir, pour les ramener à Dieu, les âmes qui lui échappaient. La première fut donnée, en mars 1884, par le Père Gonnet, s. J.; la seconde, en mars 1896, par les missionnaires diocésains. Préparées par les prières et les sacrifices d'âmes ferventes, accompagnées de fêtes qui s'adressaient successivement à tous les âges ou rappelaient, tour à tour, les principales dévotions catholiques, ces missions furent suivies avec empressement, provoquèrent quelques retours, mais ne portèrent pas les fruits durables qu'on en pouvait attendre.

Ces demi-succès attristaient le pasteur sans le décourager. Il recommençait, sans se lasser, des efforts qui paraissaient infructueux; et, à n'en pas douter, c'est encore pour mériter à ses paroissiens des grâces de salut qu'il s'ingéniait et réussissait, trop souvent au gré de ses amis, à trouver des loisirs et des forces à mettre au service de ses confrères. Sans parler de malades difficiles auprès desquels on l'appelle un peu partout, mais surtout à Dijon, il est peu de paroisses de la vallée de l'Ouche qui ne l'aient entendu, et toujours avec joie et profit... Il prêche une retraite à Sainte-Marie ; il donne des missions à Saint-Nicolas, à Savigny... Mais c'est à Messigny qu'il va le plus volontiers : sermons de circonstance, retraites, mission, il ne sait rien refuser à ses chers compatriotes.

Et cette belle activité pourrait donner le change et faire croire que la santé de l'abbé Javelle s'est fortifiée avec les années. Il n'en est rien : nous verrons que, pendant toute sa vie de prêtre, le curé de Velars fut un malade, plusieurs fois même un mourant. Et pour rendre plus saints et plus féconds encore les derniers jours de cette existence tout apostolique, Dieu voulut les semer, par surcroît, de ces souffrances morales qui ne trouvent pas, ici-bas, leur consolation. L'abbé Javelle eut toujours à Velars des familles qui lui étaient entièrement dévouées et qui mirent, en toutes circonstances, au service de son ministère, une part de leur fortune et tout leur crédit ; mais il s'en rencontra aussi qui, à la suite de malentendus d'autant plus pénibles qu'ils étaient moins explicables, s'aigrirent, peu à peu, contre lui jusqu'à l'hostilité. C'est qu'avec le temps, l'esprit de la population avait changé, et ce changement eut bientôt son contre-coup sur les élections municipales. Bien qu'en 1885, le ministère des cultes ait allégué l'attitude politique du curé de Velars pour rejeter une demande de secours qu'il lui avait adressée, il semble bien qu'en l'espèce, ce prétexte facile ait signifié simplement que ce prêtre se conduisait toujours en prêtre. Jamais, en réalité, l'abbé Javelle ne compromit l'autorité de son sacerdoce dans des luttes plus ou moins politiques ; mais, en bon pasteur, il ne pouvait pas ne pas déplorer ces dissensions intestines, où le dernier mot n'était jamais aux meilleurs et qui avaient, sur la masse des paroissiens, de déplorables effets. Sous l'influence et à l'exemple de municipalités mauvaises, bien des bons devinrent indifférents, bien des indifférents devinrent hostiles : la paroisse presque entière s'engourdissait dans l'oubli ou le mépris de Dieu. Quelle cruelle déception, après plus de trente ans d'un généreux et parfois héroïque dévouement ! A certaines heures, la souffrance qu'en éprouva l'abbé Javelle fut si vive que, le scrupule aidant et aussi le souvenir des conseils du curé d'Ars, il songeait à se démettre de sa charge pour aller, dans une retraite qu'il s'était ménagée à Messigny, expier ce qu'il appelait son insuccès et préparer son éternité. Il resta cependant à son poste de combat ; et, abreuvé de désillusions qui lui arrivaient même d'où il ne devait pas en attendre, il porta jusqu'au bout, dans la désolation de son cœur, la croix sous laquelle il devait mourir.

CHAPITRE VII

Les premiers travaux et les premiers succès du chapelain.

Jamais, peut-être, nomination n'apparut, en son temps, avec un caractère plus providentiel que celle de l'abbé Javelle à la cure de Velars. A qui connaissait son enfance et sa jeunesse, il semblait que Dieu l'eût préparé, dès son bas âge, et conduit, dans la suite, comme par la main, à ce poste d'honneur. Le culte filial qu'encore enfant il professa pour la Sainte Vierge, la guérison presque miraculeuse qu'il obtint en rhétorique par l'intercession de Notre-Dame d'Etang, le zèle qu'il consacra, pendant ses vacances de grand séminaire, à donner plus d'extension et d'éclat à son culte, tout le désignait comme le futur chapelain de Velars. Aussi, quand il eut à trouver un successeur à l'abbé Roger, Mgr Rivet ne dut guère hésiter dans son choix; nous l'avons vu, l'abbé Javelle n'hésita pas du tout à accepter. Pendant près de trente-cinq ans, il allait mettre, au service de Notre-Dame, une foi robuste, une tendresse délicate, les ressources les plus ingénieuses d'un zèle infatigable.

Il semble d'abord continuer simplement ce qu'avaient si bien commencé ses prédécesseurs. Veut-il, avant d'agir de lui-même, se ménager le temps de réfléchir et de prier ? Hésite-t-il à prendre quelqu'une de ces heureuses initiatives qui, peu d'années plus tard, donneront un si vigoureux élan au culte de la Vierge d'Etang ? N'a-t-il pas plutôt résolu de l'enraciner plus profondément dans les âmes et de le faire entrer plus avant dans la vie religieuse de la Bourgogne, avant de lui donner le plein épanouissement extérieur qu'il rêvait ? Et, en réalité, la dévotion à Marie, qui rayonne alors du sanctuaire de Velars, plus contagieuse et plus prenante, s'insinue dans les âmes, pénètre dans les familles et anime, de plus en plus, de sa sève vivifiante, les gestes privés et publics du vrai chrétien.

Cependant, les pèlerinages particuliers sont encore rares à cette date. Il ne s'agit pas ici de ces pèlerins isolés qui, à toutes les époques de l'année, viennent, dans le tête-à-tête, ou mieux, dans le cœur-à-cœur avec la Sainte Vierge, implorer sa maternelle pitié ou la remercier de son bienfaisant patronage : l'histoire des âmes n'a pas de statistique officielle ; je veux parler de pèlerinages de communautés et de paroisses. De temps à autre, le pensionnat des frères de Dijon paraît à Velars, et *Le Mémorial des Pèlerins* rappelle que, le 11 septembre 1866, les novices de Flavigny, sous la conduite de leur père-maître, le P. Duley, vinrent déposer aux pieds de Notre-Dame d'Etang l'hommage de leur filial amour. Mais ces exemples n'ont pas encore beaucoup d'imitateurs.

Quant au pèlerinage solennel du 2 juillet, il suit le programme (1) et garde la physionomie que lui ont donnés l'abbé Roger et avant lui le P. Eugène. La messe de communion se dit à l'arrivée des trains ; d'ordinaire,

---

(1) Voir aux pièces justificatives le programme que l'abbé Javelle avait rédigé pour la fête du 2 juillet 1863. Il donne une idée exacte de la manière dont se célébraient alors ces fêtes de la Visitation à Velars (n° 5).

le dignitaire ecclésiastique qui préside la fête chante la grand'messe; le matin, sur la montagne, le soir, dans l'église, les sermons sont donnés par un curé ou un religieux; dans ses choix, l'abbé Javelle accorde une préférence presque exclusive aux Pères Dominicains; quelquefois enfin, le chœur de chant de la cathédrale vient fondre ses voix avec celles des chanteuses de Velars. La moyenne des pèlerins varie de 1,200 à 1,300; en 1864, cent personnes firent la sainte communion; il semble que, chaque année, les séminaristes et les prêtres reviennent plus nombreux.

Quelquefois pourtant, une circonstance particulière attire plus de pèlerins et donne à la fête un plus grand éclat. Pour la première fois, en 1862, le pèlerinage avait lieu dans la nouvelle église où, quinze jours auparavant, Mgr Rivet avait installé solennellement la statue miraculeuse et avait consacré à Notre-Dame d'Etang sa personne et son diocèse. En 1865, on inaugurait un nouvel autel à la chapelle de la montagne. Avec l'autorisation de Monseigneur, l'abbé Javelle bénissait, en 1868, le calvaire qui s'élève à la montée de Notre-Dame d'Etang. Mais c'est là de l'extraordinaire. Dans l'ensemble, apparemment du moins, rien ou presque rien n'a changé dans ces premières années du nouveau curé.

Et, cependant, son zèle ne restait pas inactif. Discrètement, au confessionnal, dans de nombreuses lettres de direction, avec le concours prudent de dévouements gagnés à sa cause, il dispose doucement les âmes ; et ses prières ferventes à la Sainte Vierge font le reste. Il répand à profusion la médaille de Notre-Dame d'Etang et une nouvelle gravure (1) qu'il a fait préparer lui-même ; il entretient, il cultive l'habitude de consacrer les enfants à Marie et il rédige une pieuse formule pour cet acte de consécration (2). Ainsi il dépose çà et là, en de nombreuses familles et en de multiples communautés, le germe d'une dévotion qu'une circonstance providentielle, une grâce sollicitée ou obtenue, une épreuve, un deuil feront éclore comme spontanément.

Et bientôt, en effet, c'est de tous les côtés

---

(1) Elle a été éditée par la maison Jobard et se donne, aujourd'hui encore, à chaque associé.
(2) Voir, aux pièces justificatives, n° 6.

du diocèse qu'on voit lever ces germes féconds, tous bienfaisants dans leur admirable variété. Les pèlerins viennent plus volontiers au sanctuaire de Velars; on y fait célébrer plus de messes; M. le curé, enfin, devenu comme le canal des grâces et des faveurs de Notre-Dame d'Etang, reçoit d'un peu partout des demandes de prières.

Qu'elle serait longue et touchante la liste des requêtes que la piété, la souffrance physique ou morale, l'épreuve sous toutes ses formes inspirent, un jour ou l'autre, pendant ces années, à des âmes ferventes ou à des cœurs blessés! Succès d'un examen ou prospérité d'un commerce, santé du corps ou conversion d'une âme, esprit de sacrifice ou amour de Dieu, on demande tout dans ces lettres qu'on adresse au chapelain de Notre-Dame, depuis les plus petites faveurs temporelles jusqu'aux plus grandes grâces spirituelles. Les séminaristes recommandent leurs études; les prêtres, leur ministère; les supérieurs, leurs communautés. Et la confiance si tendrement filiale que respirent toutes ces suppliques, trouve des accents irrésistibles, quand c'est une mère qui demande la conversion de son fils ou une épouse désolée qui implore les lumières de la foi pour l'âme de son pauvre mari.

Et, de fait, la Sainte Vierge ne sait pas résister à de telles prières : sous une forme ou sous une autre, elle accorde toutes les grâces qu'on lui demande; elle exauce, au mieux de leurs intérêts, tous ceux qui ont recours à elle. Encore ici, s'il en était besoin, les preuves ne manqueraient pas dans la correspondance de M. Javelle. Par l'assistance de Notre-Dame d'Etang, les âmes troublées recouvrent le calme et l'espoir; les mourants traversent avec sérénité les angoisses de l'agonie et voient venir la mort sans effroi; des malades désespérés recouvrent la santé. Parmi les ex-voto les plus éloquents qui vinrent à cette date témoigner, à Velars, de la miséricordieuse toute-puissance de la Sainte Vierge, il convient de rappeler le ciboire d'argent que M. Fr..., avocat à Dijon, offrit à Notre-Dame d'Etang qui lui avait miraculeusement conservé son père.

Il ne semble donc pas douteux que les premiers efforts de M. Javelle n'aient été aussi féconds que discrets. Et ce n'est pas seulement dans le diocèse de Dijon que le culte de la Vierge d'Etang, par un nouvel afflux de sève, refleurit comme aux meilleurs jours d'avant la Révolution; de Lyon, de Nice, d'Italie même, on implore son intercession et on se réclame auprès de Dieu de son puissant patronage. Jusque dans les solitudes cloîtrées des trappes, on s'unit de cœur aux fêtes de la Visitation qui se célèbrent à Velars. Le 25 juin 1862, le frère Bruno, de la *Grâce-Dieu*, se recommande encore une fois aux ferventes prières de M. Javelle, puis il ajoute : « Que nos cœurs soient toujours unis aux pieds de Notre-Dame d'Etang, notre bonne Mère. Mercredi prochain, j'irai à Velars par la pensée et par le cœur; je suivrai les pèlerins partout et j'espère qu'on me permettra, cette année encore, de dire la sainte messe pour eux, pour vous, pour tous les membres de la confrérie à laquelle j'ai le bonheur d'appartenir... » En vérité, l'heure était venue pour l'abbé Javelle de réaliser son premier rêve.

Nous avons vu déjà comment, à la prière de l'abbé Roger, le Souverain Pontife avait, en faveur du sanctuaire de Velars, largement puisé dans le trésor d'indulgences dont il a la garde. L'abbé Javelle ambitionnait davantage. Après avoir confirmé toutes les indulgences dont ses prédécesseurs avaient, comme à l'envi, comblé la sainte maison de Lorette, Pie IX venait de conférer à ce sanctuaire la faculté de s'affilier d'autres églises et de les faire participer à ses richesses spirituelles. C'est cette filiation avec tous ses privilèges que l'audacieux chapelain rêvait, depuis quelque temps déjà, pour sa Dame d'Etang. Il soumit son projet à l'approbation de Mgr Rivet, qui ne lui ménagea pas les encouragements et l'invita à l'accompagner à Rome.

Le 2 juillet 1867, tandis que de nombreux pèlerins étaient prosternés, dans la prière, devant la statue miraculeuse de Velars, l'évêque et son prêtre s'agenouillaient aux pieds du Souverain Pontife. Dans une supplique habile et délicate, l'abbé Javelle rappela à Pie IX combien souvent le culte de Notre-Dame de Lorette et de Notre-Dame d'Etang s'étaient trouvés unis dans la dévotion des princes, des rois et des saints, et il sollicita très humblement pour Notre-Dame d'Etang quelqu'un des nombreux privilèges dont jouissait Notre-Dame de Lorette.

« Le Saint-Père se recueillit un instant. Puis, toup à coup, avec cette aménité que connaissent tous ceux qui l'ont approché, ce sourire de bonté que les anges du ciel paraissent avoir déposé sur ses lèvres : « Notre-Dame » d'Etang, dit-il, sera désormais la fille de » Notre-Dame de Lorette ; elle entrera en » partage de tous ses trésors et de toutes ses » grâces spirituelles. »

» Le 17 septembre suivant, un bref du Saint-Père établissait, dans toutes les formes voulues, le privilège de la filiation adoptive de Notre-Dame d'Etang, et accordait une indulgence plénière à gagner chaque jour par les pèlerins, qui visiteraient l'autel de la nouvelle église où repose l'image miraculeuse, et prieraient aux intentions du Souverain Pontife (1). »

La voix de Rome, mère et maîtresse de toutes les églises, venait de se faire entendre. Une illustration nouvelle s'attachait à Notre-Dame d'Etang. Le pèlerinage était marqué, aux yeux des peuples, de l'autorité la plus grande qui est sur la terre.

Il convenait de faire connaître au diocèse, à la Bourgogne, à toute la France catholique,

---

(1) *Histoire de Notre-Dame d'Etang*, par M. Bernard Javelle.

cette haute approbation du Souverain Pontife et les privilèges nouveaux dont il avait enrichi le sanctuaire de Velars. Dans ses loisirs de curé, l'abbé Javelle se fit historien; et, avec l'aide d'une collaboration discrète qui voulut rester anonyme, il entreprit de refaire l'histoire de Notre-Dame d'Etang.

Pour réaliser plus pleinement son dessein d'apostolat, il ne néglige aucune source de vérité, aucun élément d'intérêt. Sans se borner à reproduire l'œuvre de ses deux prédécesseurs, le R. P. Dejoux et l'abbé Roger, il s'en inspire largement et réussit à lui donner, du même coup, une allure plus vive et un appareil plus savant. Il recueille et discute les traditions populaires; il revise les documents privés; il consulte les archives départementales. Après avoir rappelé les circonstances providentielles qui amènent la découverte de la statue miraculeuse, il esquisse à grands traits l'origine du culte de Notre-Dame d'Etang; il décrit son rôle social dans l'histoire de la Bourgogne et sa bienfaisante influence sur les âmes, raconte les principaux miracles qui le recommandent à la dévotion des peuples et expose, après sa restauration, les différentes formes qu'il revêt depuis les jours troublés de la Révolution. En même temps qu'il met dans cette histoire l'esprit critique que réclament les exigences contemporaines, l'abbé Javelle y fait passer son âme de prêtre, toute pétrie de sainteté et de poésie.

Sur le rapport favorable qui lui en est adressé, Mgr Rivet approuve, le 26 juin 1869, l'*Histoire de Notre-Dame d'Etang* et en recommande la lecture *aussi édifiante qu'instructive*. Sitôt paru, le livre recueille les suffrages les plus flatteurs. Mgr Bouange, protonotaire apostolique et vicaire général d'Autun, renouvelle à l'auteur les félicitations de son évêque et continue pour son propre compte : « J'ai commencé à lire, et avec le plus grand intérêt, le charmant petit ouvrage que vous avez écrit à la gloire de Notre-Dame d'Etang. Vous avez bien fait de recueillir ces saints et si doux souvenirs; et votre travail ne peut manquer d'être béni de Dieu et fécond en fruits de salut. » Tout après avoir lu cette histoire, Mgr Mermillod, évêque de Genève, se promet de venir en pèlerinage à Velars, quand la paix et le calme seront rendus à la France : n'était-ce pas faire le plus bel éloge du livre? Dans son sermon de 1873, Mgr Besson, l'éloquent évêque de Nîmes, s'essaie à retracer la tradition de Notre-Dame d'Etang « après le pasteur de Velars, dont l'érudition et le zèle ont fait sur elle un travail plein d'intérêt ». Et le livre se répand et sa lecture allume, renouvelle ou entretient, dans les âmes, une ardente dévotion pour la Vierge de Velars. Décidément, comme le lui avait écrit un de ses premiers admirateurs, l'abbé Javelle avait taillé une belle pierre pour élever le temple de Jésus-Christ.

Dans le temps même où l'abbé Javelle travaille ainsi à édifier le temple mystique des âmes, il mène de front, et l'aménagement de son église, et la décoration de la chapelle de Notre-Dame. Et cette décoration sera encore une manière de prédication. Par tous les moyens, par la peinture comme par le livre, il veut rappeler aux chrétiens toutes les gloires de la Vierge d'Etang. Et voici qu'il rêve maintenant d'orner le sanctuaire d'un vitrail qui remette sans cesse, sous les yeux des pèlerins, la scène inoubliable qui se déroula au Vatican, le 2 juillet 1867. En présence de Mgr Rivet, Pie IX, assis sur son trône, tendra au curé de Velars, agenouillé aux pieds de Sa Sainteté, le bref qui consacre, en Notre-Dame d'Etang, la fille adoptive de Notre-Dame de Lorette. M. Gsell-Laurent, peintre-verrier à Paris, qui avait déjà travaillé pour l'église de Velars, se charge de l'exécution et il prie l'abbé Javelle de lui envoyer les photographies nécessaires et du plus grand format possible, pour le mettre à même de produire une belle et bonne œuvre.

Et ce souci des choses d'art eût pu faire négliger au curé de Velars les réalités vivantes ; mais de multiples embarras ne lui permettaient pas de se dérober aux préoccupations d'ordre pratique. La question de la chapelle de la montagne, en particulier, restait une source de conflits, trop souvent renaissants entre Fleurey et Velars. En droit, cette chapelle dépendait de Fleurey, puisque son propriétaire habitait cette paroisse; de fait, elle n'avait d'autre raison d'être que de servir de but à un pèlerinage dont l'âme était à Velars. Fort des faveurs qu'il venait d'obtenir pour le sanctuaire de Notre-Dame d'Etang, et sûr de la bienveillance de Monseigneur, l'abbé Javelle entreprit de faire cesser cette situation anormale.

Mais les tragiques événements de l'année terrible assoupirent ces querelles locales, et, en absorbant les esprits dans la commune pensée de la patrie meurtrie et vaincue, retardèrent encore la solution désirée.

Le 2 juillet 1870, personne, en province du moins, ne croyait la guerre si prochaine. La fête traditionnelle eut lieu comme de coutume, peut-être même avec un peu plus d'éclat que les années précédentes. Le compte rendu de l'*Histoire* de M. Javelle avait paru dans la *Chronique religieuse* du 25 juin ; et sa lecture avait, sans doute, décidé quelques pèlerins indécis ; les chants furent exécutés par les élèves des frères, et il y eut un prélat, Mgr Viard, pour chanter la grand'messe et prêcher, le soir, au chapelet et à vêpres.

Mais, peu après, la guerre éclate, imprévue, foudroyante. Quelques semaines à peine suffisent à dissiper les folles illusions, les triomphants espoirs des premiers jours ; et, dès le 2 septembre, la capitulation de Sedan livrait aux vainqueurs près de cent mille hommes avec quarante généraux. Touchés des malheurs qui accablaient déjà notre pauvre pays et plus encore des dangers qui le menaçaient, de nombreux Dijonnais ne voulurent plus mettre leur confiance qu'en l'aide de Dieu et l'intercession de la Sainte Vierge et ils résolurent d'adresser à Notre-Dame d'Etang une supplication solennelle.

Le 8 septembre, une procession de fidèles recueillis gravissait la montagne à la suite de la sainte image. Le vicaire général, M. Bouzerand, qui présidait, avait voulu que ce pèlerinage de piété n'eût rien qui ressemblât à une fête. L'année suivante, à la même date, même supplication de pèlerins étrangers, unis aux paroissiens de Velars : ils désiraient « obtenir de celle qui est la Reine de la France des jours meilleurs pour notre chère patrie ». Grâce à Dieu, le malheur faisait du moins, chez nous, refleurir la piété.

Dès les derniers mois de 1872, s'ouvre l'ère des grands pèlerinages nationaux. Le cœur serré dans une angoisse de détresse, la France entière semble se lever pour aller se jeter, dans un élan d'ardente supplication, aux pieds de Notre-Dame de la Salette ou de Notre-Dame de Lourdes. Vers la même date, autour de tous les sanctuaires célèbres, s'organisent des pèlerinages locaux, qui groupent les fidèles qui n'ont pu se joindre aux grands pèlerinages. Velars eut le sien qui, au jour de la Nativité, amena aux pieds de Notre-Dame d'Etang une foule de dévots pèlerins. Mais ce n'était là qu'un prélude. Le 2 juillet 1873, le diocèse entier devait avoir, à Velars, sa grande manifestation religieuse, inoubliable, unique jusqu'ici.

L'abbé Javelle avait songé de suite à faire tourner, à la gloire de Notre-Dame d'Etang et à l'extension de son culte, le réveil religieux qui secouait alors la France entière. Dans ce dessein, il se concerta avec M. l'archiprêtre de Saint-Bénigne pour soumettre à l'approbation de Mgr Rivet leur commun projet d'un pèlerinage extraordinaire.

Monseigneur accueillit avec enthousiasme une pensée qui répondait, de manière si opportune, à ses préoccupations personnelles et il mit à la réaliser tout l'amour qu'il éprouvait pour l'Eglise persécutée et notre pauvre France meurtrie.

Le 2 mai, il écrit à M. le curé de Velars (1) qu'il autorise de grand cœur un pèlerinage solennel à Notre-Dame d'Etang pour la fête de la Visitation. Et il précise son but dans une circulaire qu'il envoie, quelques jours

---

(1) Voir p. 276.

après, à son clergé (1) : ce qu'il veut obtenir de la Sainte Vierge, c'est, pour l'Eglise, la fin de ses cruelles tribulations et, pour la France, la paix dans l'honneur. Et, après avoir sollicité du Souverain Pontife une indulgence plénière pour tous les pèlerins, il constitue un comité dont il se réserve la présidence et qui doit aider M. le curé de Velars à élaborer et à remplir le programme des fêtes.

Aussitôt, à Dijon comme à Velars, on se met à l'œuvre avec un zèle admirable. A la prière qui lui en est faite, l'administration des chemins de fer promet des trains spéciaux pour le pèlerinage; sous la direction de l'abbé Javelle, des personnes pieuses passent leurs jours et quelquefois leurs nuits à découper des oriflammes, à tresser des guirlandes, à disposer des inscriptions ; M. Charles Poisot et l'abbé Morelot se chargent de la préparation et de l'exécution des chants; enfin, Monseigneur travaille à se ménager le concours d'éloquents prédicateurs.

La veille de la fête, à peu près tous les préparatifs sont achevés. Un triple faisceau d'étendards aux couleurs de la Vierge et des guirlandes de lierre décoraient la façade de

---

(1) Voir p. 278.

l'église; à l'intérieur, de petites et nombreuses oriflammes étaient appendues de chaque côté de la nef; au-dessus de la grande arcade du sanctuaire, on lisait, écrite en lettres monumentales, cette invocation encadrée de verdure : « Notre-Dame d'Etang, sauvez Rome et la France ! (1). » Qu'un rayon de soleil levant vienne envelopper son faîte d'un nimbe d'or, et la jeune église, dans son gracieux costume, aura pris, pour recevoir ses hôtes, son air le plus accueillant.

Dès l'aube, le village s'éveille, les rues s'animent; quelques retardataires complètent la décoration de leur maison; des pèlerins, arrivés la veille, de loin ou à pied, s'acheminent vers l'église. Bientôt, les routes de Plombières et de Fleurey, les chemins de halage, les sentiers, qui descendent des montagnes prochaines, se couvrent de piétons, de voitures, de chariots, d'omnibus ; de Montbard, des Laumes, de Dijon surtout, les trains amènent près de dix mille personnes. Partout des pèlerins : les uns prient en petits groupes; les autres chantent en processions plus ou

---

(1) *Mémorial*, du 2 juillet 1873. C'est à cette plaquette anonyme, parue quelques jours après la fête, que sont empruntés la plupart de ces détails.

moins nombreuses, oriflammes et bannières claquant au vent. Tous convergent vers l'église. Maintenant, les bannières se croisent ou s'alignent ; les pèlerins de tout âge, de toute condition, se pressent ; le murmure de la prière s'élève plus intense et plus suppliant ; les chants se mêlent ou se répondent et le soleil inonde de sa fraîche lumière la sainte animation de tout ce spectacle grandiose.

Déjà, les élèves du petit séminaire ont chanté leur messe de communion ; les élèves de l'école Saint-Joseph assistent à celle que célèbre leur aumônier ; et, vers huit heures et demie, la procession générale se forme et se met en marche... Les fidèles de chaque paroisse sont groupés autour de leur bannière ; les pèlerins, en files serrées, montent en chantant et la tête de la procession atteint le plateau avant que le clergé n'ait quitté la place de l'église.

S'il est difficile, à distance, de s'imaginer la grandeur du spectacle, on peut, du moins, à lire la description de certains groupes, de celui de Fleurey, par exemple, deviner combien il fut pittoresque. En avant, la bannière est entourée de quatre sacristaines, leurs flambeaux à la main. Les petites filles de la première communion, avec des oriflammes blanches, frangées d'or, sont suivies des jeunes filles en blanc ; et après les petits garçons, qui ont, eux aussi, leurs oriflammes blanches et bleues, viennent l'officiant, les choristes et les chantres. Le reste de cette procession paroissiale comptait à peu près deux cents personnes. Toutes les paroisses voisines ont leur délégation. Beaucoup de paroisses plus éloignées comptent plus ou moins de pèlerins : Semur en a, à lui seul, 750 ; Dijon en a fourni près de 6,000.

Il est près de dix heures quand M. le vicaire général Joly commence la sainte messe à un autel adossé au rocher, sur l'emplacement même de l'ancienne église des Minimes. Toute la foule chante le *Kyrie*, le *Gloria*, le *Credo* de la messe de Dumont, et, enfin, répète, jusqu'à trois fois, avec un enthousiasme grandissant, la prière pour le Souverain Pontife : *Domine, salvum fac Pontificem...* Quelques pèlerins, mais sans trouver d'écho dans la masse, tentèrent d'en faire un appel politique à Henri V.

Après la messe, le R. P. Fristot prit la parole.

Dans la lutte entre le bien et le mal, Marie est la tour de David, la citadelle inexpugnable, comme un arsenal d'armes toujours victorieuses... Tandis que toute l'humanité, condamnée à mort, gémit, en attendant son supplice, dans les liens de la concupiscence, Marie, seconde Esther, autre Judith, apparaît comme le salut de la race : elle marque le triomphe de la grâce dans la victoire du péché. Mère de Jésus, après qu'Elle lui a prodigué jusqu'au Calvaire un affectueux et héroïque dévouement, Elle devient, au pied de la croix, la mère de tous les hommes et continue à l'humanité son bienfaisant patronage. Sans cesse victorieuse des hérésies, qui, dans le cours des siècles, risquèrent de briser l'unité de l'Eglise, c'est par Elle encore, c'est par son immaculée conception que nous écraserons la conspiration, aujourd'hui plus audacieuse que jamais, des trois grandes passions qui tyrannisent le cœur humain. Fille aînée de l'Eglise, universel champion du Christ, la France a des titres particuliers à l'affection de sa Mère : au lendemain d'une défaite qui a livré aux arsenaux de Berlin nos aigles enchaînées et nos drapeaux déchirés, la France et la Bourgogne, qui, dès longtemps, ont uni leurs cœurs et leurs épées pour le service d'une même foi, retrouveront la vie, la paix et la gloire à l'ombre des oriflammes de Marie et de la bannière du Sacré-Cœur.

Ce sermon redoubla l'enthousiasme patriotique et religieux qui animait toute cette foule. Mais le P. Fristot s'était attaché à exposer la théorie de la dévotion mariale, plutôt qu'à retracer l'histoire de Notre-Dame d'Etang. Son discours était comme un riche écrin vide de son joyau, comme un cadre qui attend son portrait. C'était l'abbé Besson qui devait, le soir, tailler le diamant et tracer le portrait.

M. le vicaire général bénit l'assemblée avec la statue miraculeuse et la procession regagna l'église paroissiale, déjà envahie par de nouveaux pèlerins. On va chercher au presbytère Monseigneur, qui a interrompu sa tournée pastorale pour venir s'agenouiller, avec son clergé et l'élite de son diocèse, aux pieds de Notre-Dame d'Etang. Dans un mot de bienvenue, l'abbé Javelle félicite Sa Grandeur du succès de son pieux appel ; il loue les Bourguignons de leur foi et de leur courage ; il espère que la puissante intercession de la

Sainte Vierge hâtera, pour l'Eglise et pour la France, l'heure des miséricordes. Monseigneur remercie et entre à l'église au chant du *Benedictus*. Quand il monte à l'autel, il est près de onze heures trois quarts.

M. Ch. Poisot et M. l'abbé Schwach ont la direction des chants. Le choix des pièces a été parfait ; l'exécution ne lui fut pas inférieure. Plusieurs fois, pendant la cérémonie, l'émotion altère la voix de Mgr Rivet ; à la fin de la messe, il cède à l'élan de son cœur. Il essaie d'exprimer la joie indicible qu'il éprouve à voir, aux pieds de Notre-Dame d'Etang, un concours de pèlerins plus nombreux qu'il ne fut jamais. Que Dieu, en qui est notre espoir, donne à chacun le courage d'une pleine vie chrétienne, et qu'Il guérisse notre pauvre France meurtrie, malade et humiliée ! C'est ce que, de toute son âme, il demande à Notre-Seigneur en bénissant la foule.

L'assistance s'écoule lentement et l'on s'installe un peu partout pour déjeuner, sur les bords du canal, dans les prés voisins, surtout au beau et grand parc du château. Rien n'est gai, animé, pittoresque comme la vallée de l'Ouche à cette heure : c'est le royal

Midi du poète, moins le pesant sommeil des êtres et des choses.

A deux heures et demie, nouvelle vénération, à l'église, de la statue miraculeuse, à laquelle on fait toucher médailles et chapelets. A trois heures et demie, tous les pèlerins se réunissent, en plein air, autour d'une tribune ornée de fleurs et de feuillage. C'est M. l'abbé Besson, l'éloquent supérieur du collège catholique de Besançon, qui doit parler.

Le spectacle qui s'offre à lui rappelle la scène évangélique de la Visitation. C'est le même cadre de montagnes ; c'est presque le même mystère : Marie est descendue sur nos collines et nous y sommes venus saluer Marie.

Notre-Dame d'Etang a visité la Bourgogne et cette visite a été, pour notre province, la source du salut. Quand l'hérésie du protestantisme s'insinuait comme un poison, sentinelle avancée, la Bourgogne jetait le cri d'alarme et sauvait la France. Un siècle après, l'armée de Gallas porte partout la terreur et la ruine et déjà elle menace Dijon : on apporte dans la ville, la statue miraculeuse et, comme sur son ordre, la Saône et le Doubs se débordent et contraignent l'ennemi à se retirer. Durant les troubles de la Fronde, sa présence calme les factions, éteint les haines, rend la paix aux citoyens. Vienne la peste, que la sécheresse éclate, que l'épreuve accable la cité ou les familles : Marie est l'avocate toujours écoutée de Dieu. La Révolution peut ruiner l'église des Minimes, fermer les temples, brûler les reliques, briser les statues, votre statue, sauvée par un zèle ingénieux et jaloux, encore une fois sauvera Velars et la Bourgogne : Notre-Dame d'Etang garde, sous les ruines, le germe sauveur qui doit rendre bientôt sa vie chrétienne à toute votre province. Marie est toujours là.

Et, toujours, ses pèlerins sont venus la saluer. Après les abbés, les évêques ; après le conseil de ville, le Parlement de Bourgogne. Les saints succèdent aux guerriers ; les rois, aux princes. Et, à ces gloires de France, se trouvent sans cesse mêlées, dans un douloureux contraste, toutes les angoisses, toutes les maladies qui éprouvent l'humanité. Vous continuez cette théorie séculaire des pieux pèlerins de Notre-Dame d'Etang. Dans un mouvement qui n'était ni commandé, ni préparé, ni attendu, sous le patronage de saint Bénigne, de sainte Clotilde, de saint Bernard, vous êtes venus demander à Marie la foi, l'espérance, la charité, toutes les vertus qui sont nécessaires à la famille et à la patrie.

Gloire aux pèlerins de Bourgogne et à leur heureux évêque ! Gloire à Notre-Dame d'Etang ! Qu'Elle soit propice à Pie IX, à l'Eglise, à la France ! Qu'Elle protège la noble cité de Dijon et la province qui, de tout temps, lui a été si chère ?

La plus glorieuse page de l'histoire religieuse de notre Bourgogne, M. l'abbé Besson venait de la parer de toutes les grâces de la poésie, il venait de l'animer du souffle sauveur d'une éloquence apostolique. Conservé dans les annales de Notre-Dame d'Etang, ce discours continue sur ses lecteurs la bienfaisante influence qu'il exerça d'abord sur un immense auditoire (1).

Monseigneur se lève alors, félicite l'orateur, remercie Dieu, remercie ses diocésains ; et quand, soulevée d'enthousiasme, la foule veut l'acclamer, il fait acclamer la Sainte Vierge, Pie IX et la France ; il fait promettre à chacun de vivre en chrétien. En vérité,

---

(1) Voir le texte de ce discours aux pièces justificatives, n° 7.

son long épiscopat à Dijon compta-t-il une seconde journée aussi heureuse pour lui, aussi féconde en fruits de salut ?

Le *Te Deum* éclate en notes triomphales et termine cette fête par un cri d'action de grâces (1).

Une partie des pèlerins se disperse. Il en reste assez cependant pour former encore un nombreux auditoire au R. P. Segonzac qui, dans l'allocution d'adieu, cueille, parmi les souvenirs de la journée, le bouquet spirituel

---

(1) Après le *Te Deum* d'action de grâces, M. le supérieur du petit séminaire vient s'agenouiller sur les degrés du sanctuaire, accompagné de deux élèves, portant, sur un coussin en soie blanche, deux très beaux cœurs en vermeil, et s'adressant à M. le curé de Velars : « Daignez recevoir, dit-il, ces cœurs comme un tribut d'hommage à Notre-Dame d'Etang, de la part des maîtres et des élèves du petit séminaire. »

M le curé répond :

« Je déposerai, aux pieds de Notre-Dame d'Etang, ces cœurs qui renferment les noms de tous les maîtres et élèves du petit séminaire ; ils seront là, non seulement comme un pieux hommage, mais encore comme une prière qui sollicitera de Celle que nous aimons à appeler la *Reine du clergé*, les grâces de vocation sacerdotale, qui feront plus tard, de ces jeunes élèves du sanctuaire, des lampes ardentes et luisantes sur le chandelier de l'Eglise. »

qui restera comme une consolation et une espérance. C'est la prière, la prière publique, la prière par Marie qui fait la force des cités et des individus. Continuons de prier ; et, un jour, la France reprendra, après Marie, le *Magnificat* de la Visitation.

C'est fini. Le départ et le retour des pèlerins s'achevèrent sans incident. A Dijon, en particulier, l'arrivée eut lieu dans le plus grand calme. L'autorité avait pris toutes les précautions pour éviter le trouble. Un piquet d'infanterie était à la gare ; de nombreux agents de police, des gendarmes circulaient dans les rues voisines ; même M. le préfet, M. le procureur général parurent un instant. Ces sages mesures furent inutiles ; pas un cri ne fut proféré ; les pèlerins rentrèrent chez eux, au milieu d'une foule nombreuse, généralement sympathique.

De mémoire d'homme, la Bourgogne n'a pas vu de manifestation religieuse aussi imposante : 15,000 pèlerins, près de 250 prêtres avaient répondu à l'appel de leur premier pasteur. Aussi bien que Lourdes, Paray-le-Monial et la Salette, Velars avait eu son jour de triomphe. L'abbé Javelle voyait enfin se réaliser son plus ardent désir : le pèlerinage de Notre-Dame d'Etang prenait rang parmi les plus illustres et les plus fréquentés. Quelle gloire pour la Sainte Vierge ! Quel délicieux souvenir pour les heureux pèlerins, et pour nous, instruits que nous sommes par un passé qui réalise presque l'impossible, quelle radieuse espérance de voir plus éclatantes encore les fêtes du couronnement !

CHAPITRE VIII

L'acquisition de la chapelle donne au pèlerinage sa physionomie définitive.

L'ÉLAN, un élan magnifique, avait été donné au pèlerinage dans cette superbe fête de 1873. La seule ambition de M. Javelle fut désormais de l'entretenir ; et il ne négligea aucun des moyens qui pouvaient l'y aider. Il écrivit une charmante petite plaquette, *Une visite à Notre-Dame d'Etang*, qui était comme une gracieuse invitation de la nature et de la religion à un pèlerinage, où l'imagination et le cœur, l'art et la piété trouvaient leur compte. Dans son église, il dota la chapelle de la Sainte-Vierge d'une grille artistique en fer forgé ; il la décora de peintures murales et l'enrichit de deux magnifiques reliquaires en forme de châsse. Enfin, une heureuse, j'oserais dire une providentielle inspiration le fit profiter d'un concours unique de circonstances, de la faveur de l'autorité diocésaine et d'une sorte de complicité de l'opinion publique, pour mener à bien une entreprise délicate, qui, dans son esprit, devait avoir une influence décisive sur l'avenir du pèlerinage : je veux parler de l'acquisition de la chapelle de Notre-Dame d'Etang.

Nous avons vu comment, après avoir perdu son procès, le P. Eugène avait pris la résolution d'arrêter les processions à l'esplanade Saint-Joseph, où se déroulèrent, pendant quelques années, les cérémonies extérieures de la fête de la Visitation. M. l'abbé Roger profita d'une complaisance de M. de la Cuisine, gendre de M. Brenet, pour rendre au pèlerinage son but primitif et conduire la procession jusqu'au sommet de la montagne. Mais cet heureux retour aux traditions était désormais à la merci de la volonté ou même du caprice d'un particulier. Dès son arrivée à Velars, M. Javelle voulut le rendre définitif et indépendant des choses et des personnes. Il songea d'abord à acheter à M. Brenet une parcelle de la plate-forme, qui couronne la montagne d'Etang, pour y construire une seconde chapelle : M. Brenet lui refusa obstinément, même un mètre carré de terrain, pour y élever une croix qu'on venait d'offrir au pèlerinage et qui, dans la pensée de M. Javelle, devait marquer, au défaut de la chapelle, le terme de la procession. Comme son prédécesseur, le jeune curé de Velars dut donc se contenter du provisoire, en attendant mieux...

Mais ce mieux, il ne renonça jamais à le préparer. Empêcher la paroisse de Fleurey d'acheter la chapelle, tâcher de l'acquérir lui-même pour le compte de la fabrique de Velars, tel était son double but, et il mit à l'atteindre, outre la ferveur de ses prières, toutes les ressources d'un esprit aussi ingénieux que discret, d'une volonté aussi souple qu'obstinée.

C'était un siège à faire : il fallait, je n'ose dire surprendre, mais du moins enlever de haute lutte le consentement de M. Brenet. Peu à peu, l'abbé Javelle dispose avec art ses travaux d'approche. Il fait confidence de ses projets à quelques familles dont la discrétion lui est connue et le dévouement acquis ; la droiture de ses intentions, le désintéressement de son zèle lui concilient la bienveillance, puis lui gagnent l'amitié de M. de la Cuisine. Et quand, grâce à toutes ces complicités plus ou moins conscientes, il a fait le tour de la place et en a découvert, d'un œil exercé, le point vulnérable, il y frappe le grand coup qui lui donne la victoire. C'est chose faite : M. Brenet a consenti. Sans lui laisser de répit, M. Javelle lui fait signer l'acte de vente, qui lui livre, pour la somme de 3,500 francs, la chapelle, la fontaine Sainte-Anne et la portion du bois qui relie l'une à l'autre.

La grosse nouvelle de cette vente se répandit, comme une traînée de poudre, dans les deux villages et provoqua, à Velars et à Fleurey, des manifestations très vives de sentiments tout opposés.

A Fleurey, la surprise ressembla à de la stupeur. Quand ils se furent ressaisis, les habitants ne surent pas cacher leur dépit ; et leurs conversations passionnées laissaient assez deviner quels avaient été leurs projets d'avenir sur la montagne et sa chapelle.

A Velars, on ne ménagea pas l'éloge à la

sage conduite de M. le curé; et on lui prouva sa reconnaissance de la manière qu'imposaient les circonstances. Le maire, M. Morelet, lui adressa aussitôt son obole personnelle et se fit, comme il convenait, l'interprète des sentiments de la commune (1). A la première réunion qui suivit l'achat, le conseil municipal vota à M. Javelle un crédit de 100 francs. Le conseil de fabrique décida qu'il donnerait, chaque année, pendant cinq ans, la somme de 100 francs pour couvrir les frais qu'imposeront l'établissement d'un chemin en lacets et les réparations de la chapelle.

La population, elle aussi, sut, en cette circonstance, comprendre et accomplir tout son

---

(1) « Monsieur le curé, vous avez mené à bonne fin, à force de persévérance, une entreprise délicate, qui intéressait à la fois la paroisse et la commune de Velars ; la paroisse, en assurant, par une possession légitime, la liberté du pèlerinage ; la commune, en la réintégrant dans des droits séculaires, dont autrefois elle avait été dépouillée. Permettez-moi de vous exprimer toute ma gratitude comme maire de Velars et d'y joindre une souscription, dont la modicité est justifiée par les difficultés du temps, mais dont j'espère augmenter, un peu plus tard, le montant. Il ne faut pas oublier que, si vous avez eu les peines et les anxiétés, c'est à ceux qui en profiteront à alléger, autant qu'ils le pourront, vos charges. Recevez... »

devoir. Le dimanche qui suivit la vente, M. le curé lui avait exposé, en chaire, l'heureuse solution d'une affaire qui l'intéressait au plus haut degré et lui avait dit, sans réticence, ce qu'il pensait faire de la chapelle. Il pouvait la remettre au diocèse et libérer ainsi la commune et la paroisse de toute charge pécuniaire; mais n'était-ce pas aussi priver Velars de ce qui fait sa gloire et sa couronne? Il pouvait aussi l'offrir à la commune qui ne se refuserait pas à payer le prix d'achat; mais si, un jour, la municipalité devenait irréligieuse, quel serait le sort de la chapelle et du pèlerinage? Sa pensée, à lui, était de la donner à la fabrique : ainsi, elle resterait à la paroisse et les paroissiens de Velars rentreraient dans leurs anciens droits; mais, alors, il fallait payer. La paroisse partagea l'avis de son curé et ne tarda pas à le lui montrer: une souscription ouverte produisit près de 1,000 francs en une seule semaine. La question était résolue : le jour de Pâques 1874, l'avenir du pèlerinage se trouvait assuré, et Velars rentrait définitivement en possession d'une gloire, qui lui avait toujours été disputée, ou par Plombières, ou par Fleurey, depuis la Révolution.

L'abbé Javelle n'avait-il pas mérité la lettre que lui adressait à ce sujet Mgr Rivet :

Mon bien cher Curé,

« Je m'empresse de vous féliciter de l'heureuse acquisition que vous venez de faire.

» La voici donc à vous, cette sainte chapelle. J'en remercie Dieu et je ne doute pas qu'Il ne vous fournisse le moyen de faire face aux dépenses que cette pieuse acquisition vous impose.

» Tout à vous, de cœur, en Notre-Seigneur. »

† François,
Evêque de Dijon.

On pouvait, dès lors, aller de l'avant sans crainte. Aussi, après avoir, dans son prône du jour de Pâques, félicité ses paroissiens du prodigieux succès de leur souscription, l'abbé Javelle n'hésita pas à leur faire confidence de ses projets d'avenir. Refaire les chemins de la montagne, aménager et orner la chapelle, et... quand Dieu le permettra, élever un monument simple qui serve de piédestal à une grande statue de Notre-Dame d'Etang, reine de la Bourgogne, tel est le programme à la réalisation duquel il veut consacrer les dernières années de sa vie.

L'achat de la chapelle, qui avait si profondément remué les paroisses de Velars et de Fleurey, passa presque inaperçu dans le public. Extérieurement, rien ne semblait changé. Après comme avant, le pèlerinage garda d'abord sa physionomie habituelle : source toujours jaillissante de vie chrétienne pour les âmes qui venaient s'y retremper dans l'intimité; centre aimé, où se retrouvaient, aux jours de ses grandes manifestations périodiques, tous les fidèles de Notre-Dame d'Etang.

Le lundi de la Pentecôte de cette même année, entouré d'un petit nombre de ses paroissiens, l'abbé Javelle, après avoir béni l'autel restauré de la chapelle, y célébra la messe pour tous les bienfaiteurs de l'œuvre et érigea le chemin de croix. Puis, peu après, par acte officiel, il remit au conseil de fabrique la chapelle ainsi aménagée, avec tout le terrain qui l'environnait et, en même temps, le calvaire, élevé au flanc de la montagne, presque au bord du chemin qui y conduit. Le conseil accepta le tout; et, sans retard, il entra en pourparlers avec l'administration des forêts pour amodier une partie des bois de l'Etat, au sommet du Cuchet ; moyennant une redevance de 10 francs, payables d'avance, le bail lui fut consenti pour la part dont il avait besoin. Aussitôt, il fit tracer le chemin en lacets : la procession du 2 juillet 1874 devait y passer pour la première fois.

A part ce léger changement, la fête de la Visitation garda son rite traditionnel. Pendant toute cette période, son histoire ne présente aucun fait qui mérite de retenir l'attention. Suivant le temps ou le jour de l'incidence, les pèlerins y viennent plus ou moins nombreux, mais toujours avec la même piété. En général, Mgr Rivet préside et dit la messe (1) ; quand il ne le peut pas, il invite à le remplacer quelque personnage officiel ; en 1876, ce fut Mgr Viard qui lui rendit ce service. Quant à la fête de la Nativité, il semble que le pèlerinage du 8 septembre entre, peu à peu, dans les habitudes religieuses de la région ; sans doute, les pèlerins n'affluent pas à Velars en ce jour comme au 2 juillet ; mais peut-être que le recueillement y est plus grand et la prière plus fervente.

---

(1) Voir p. 278.

Et, s'il faut maintenant dire un mot des pèlerinages privés, il n'est guère possible d'en dresser une statistique, même approximative. Qui dira combien d'âmes passent dans ce sanctuaire sans y laisser d'autres vestiges que le parfum de leurs prières et, quelquefois, l'obole de leur charité ? Mais aussi il est des pèlerins, et en grand nombre, qui tiennent à préciser, par écrit, le but de leur pèlerinage ; et on lit, parfois les larmes aux yeux, sur le livre qui leur est destiné, des supplications ardentes de foi ou de patriotisme. Ici, c'est le général de V..., gouverneur militaire de la place de Nancy, qui sollicite de Notre-Dame d'Etang la réunion à la France des provinces annexées et demande aux pèlerins une fervente prière pour que leurs concitoyens voient cesser leur esclavage. Quelques pages plus loin, on lit cette supplique, signée seulement de trois initiales : « *O Notre-Dame d'Etang, accordez-nous la grâce de devenir de fervents religieux, de saints prêtres, d'ardents apôtres et, nous n'osons vous demander... des martyrs de Jésus-Christ.* »

N'est-il pas juste encore de compter parmi ces pèlerins ceux que, seule, la distance ou la maladie empêche de réaliser leur pieux dessein : de loin, ils se recommandent à Notre-Dame d'Etang, et leurs recommandations lui arrivent de tous côtés, sous toutes les formes, aussi variées dans leur objet que les infinis besoins de la misère humaine. La Sainte Vierge, du moins, ne semble guère mettre de différence entre les uns et les autres; et s'il lui arrive de marquer quelque préférence, est-ce toujours pour ceux qui la prient dans son sanctuaire? Ce n'est pas ce que semble prouver la plaque de marbre qui vint alors redire à Marie la reconnaissance d'un malade qu'elle avait guéri après vingt-huit ans de souffrances.

Sans doute, ces faits ne sont pas nouveaux dans les annales de Notre-Dame d'Etang : on pourrait les retrouver, ou de tout semblables, presque à toutes les pages de son histoire. N'est-ce pas beaucoup déjà de constater qu'une dévotion continue, sans fléchir, les belles et saintes traditions d'un glorieux passé? Mais il y a plus : cette dévotion semble alors revêtir, par surcroît, des formes sinon absolument nouvelles, assez rares du moins jusque-là.

C'est dans ces années, en effet (1874, 1876),

que commencent à se multiplier les pèlerinages d'œuvres, de cercles, de groupes de toute nature qui veulent se mettre officiellement sous le patronage de la Sainte Vierge et qui trouvent, désormais, dans l'ascension de la montagne, avec une excursion idéale, la légitime satisfaction de leur piété. Je cite au hasard des dates : *Orphelinat de Sainte-Anne, Ouvroir de Saint-Pierre, Maîtrise de Notre-Dame de Dijon, Pension Chaperon, Comité et membres du cercle catholique de Dijon, Œuvre de la jeunesse ouvrière de Dijon.* Déjà aussi, sous la conduite de leur curé, des enfants viennent, au lendemain de la première communion, confier leurs résolutions *à la garde de cette puissante Mère des anges et des hommes.* M. l'abbé B..., curé de Chenôve, et M. l'abbé G..., curé de Couternon, ouvrent cette liste qui s'est merveilleusement allongée depuis.

Il est enfin quelques faits isolés qui, sans avoir grande importance, puisque, aussi bien, quelques-uns d'entre eux restèrent à l'état de projets, éclairent d'un jour intéressant cette période de l'histoire de Notre-Dame d'Etang. En 1822, la paroisse de Plombières avait érigé une croix en face de la petite chapelle de la montagne : le 25 juin 1874, un certain nombre d'habitants de cette paroisse décidèrent, avec l'agrément de M. le curé de Velars, de mettre en commun le travail et l'argent nécessaires à la restaurer. La même année, un prêtre offrit à l'abbé Javelle d'acheter à ses frais tout le territoire de Notre-Dame d'Etang, chapelle, ferme, terres, bois; sans lui parler de ce à quoi il destinait cet achat, il lui demandait le secret. Dans le même temps, l'abbé Lamey songeait à installer à Velars l'établissement religieux qu'il fondait, un peu plus tard, à Grignon. Ces faits, il est vrai, restent sans conséquences pour l'avenir du pèlerinage; mais n'étaient-ils pas de bon augure pour le chapelain de Notre-Dame d'Etang; et ne prouvent-ils pas aujourd'hui que ce culte de la Sainte Vierge rayonnait, dès lors, dans tout le diocèse et au delà, et que Velars devenait un centre qui attirait toujours plus les regards et les cœurs de la Bourgogne catholique?

CHAPITRE IX

Le Monument.

LA grandiose manifestation de 1873 et l'élan qu'en reçut le pèlerinage prouvaient, jusqu'à l'évidence, l'urgente nécessité de remplacer la petite chapelle de la montagne par un monument plus vaste et plus digne aussi de la gloire de Notre-Dame d'Etang. L'érection de ce monument fut décidée, dès qu'on eut racheté la chapelle, en 1874.

Mais que devait-il être ? Fallait-il agrandir l'ancienne chapelle ou construire à côté ? Devait-on se contenter d'une simple construction en bois qui suffirait aux besoins les plus pressants du pèlerinage, ou pouvait-on rêver d'un monument vraiment digne de la

Bourgogne catholique ? Toutes ces hypothèses furent étudiées et discutées. Enfin, une heureuse inspiration réussit à concilier, dans plusieurs projets différents, le respect de la tradition avec les légitimes exigences du culte. Tous ces projets conservaient l'ancienne chapelle et lui accolaient un monument plus grand et surtout plus haut, qui pût servir de piédestal à une magnifique statue de Notre-Dame d'Etang.

C'était parfait ; mais les devis estimatifs s'élevaient tous de 60,000 à 80,000 francs. Il n'en fallait pas plus pour provoquer les critiques et effaroucher peut-être les meilleures volontés ; en réalité, la connaissance de ce détail émut même des personnes pieuses et compétentes, et le projet d'un tel monument devint, à leurs yeux, un projet insensé, irréalisable ou, du moins, parfaitement inopportun. Sans convaincre le curé de Velars, ces appréciations de la sagesse humaine ébranlaient sa belle assurance. A ce moment, Dieu daigna le confirmer dans ses espérances et voici comme il le raconte lui-même :

« Le R. P. Stumpf, fondateur de l'école Saint-Ignace, à Dijon, venait de solliciter de Notre-Dame d'Etang une faveur inespérée. Il promettait, s'il était exaucé, de donner une somme de 1,000 francs pour ériger une statue au sommet de la montagne. La grâce fut obtenue... Mais à la statue, il fallait un piédestal. J'eus comme une illumination soudaine ; je me sentis au cœur une ardeur nouvelle, une confiance inébranlable. Les démarches interrompues furent reprises.

» Sa Grandeur, Mgr Rivet, daigna bénir l'entreprise ; je lui soumis les différents plans. Le vénéré prélat fit son choix : il adopta celui dont la majestueuse hauteur répondait le mieux à son amour pour la Reine du ciel (1). »

Le sermon du 2 juillet 1876 devint, dans la bouche de M. l'abbé Forthey, un plaidoyer d'une irrésistible logique en faveur du monument, en même temps qu'un chaleureux et éloquent appel à la générosité des catholiques de Bourgogne.

Lorsque, à la suite de l'arche d'alliance, les Hébreux eurent franchi, à pieds secs, le Jourdain qui leur fermait la terre promise,

---

(1) *L'œuvre de Notre-Dame d'Etang*, abbé Javelle, p. 7.

sur la rive, ils élevèrent un monument qui, en leur rappelant les bienfaits de Dieu, devait perpétuer leur reconnaissance. L'arche de la nouvelle alliance, c'est la Vierge immaculée, à la suite de qui nous cheminons vers la patrie céleste. Humble et vénérable statuette, sortie par miracle des rochers de la montagne, Notre-Dame d'Etang a guidé nos pères et elle nous guide, à notre tour, vers le ciel : comment lui dire notre reconnaissance ? La poésie s'envole ; le chant s'éteint ; mais la pierre dure et peut s'élever vers la Reine des anges, comme une pensée d'amour, en colonne gracieuse ou en flèche élancée.

Ainsi l'avaient pensé nos pères qui, pour honorer la Sainte Vierge, avaient accroché, au flanc de la montagne, une église et un monastère. Mais la Révolution a passé, dispersant les religieux, détruisant le cloître, renversant l'église. L'arche, cependant, a été sauvée : Marie est toujours là ; Elle vit, aime et bénit en son image de pierre. A nous de lui élever un monument qui soit, à la fois, un souvenir, une expiation et une prière. Quand l'horizon s'assombrit, n'est-ce pas l'heure de crier à Dieu notre foi et notre confiance à sa Mère ? Mgr Rivet continuera ainsi la série de ses pieuses restaurations et nous répondrons au vœu du Souverain Pontife qui, en reconnaissant officiellement Notre-Dame d'Etang comme la fille adoptive de Notre-Dame de Lorette, voudrait faire de Velars un nouveau Lorette.

La chapelle de la montagne est trop pauvre et trop petite ; celle de l'église, bien joliment décorée, n'est l'œuvre que d'une paroisse. Il faut bâtir, au sommet de la montagne, un superbe monument, d'où Marie apparaisse au loin grande, élevée, sublime, qui soit comme la citadelle retranchée, le vrai rempart de la Bourgogne et de la France.

Ce discours fut imprimé avec l'approbation épiscopale et publié le 8 mai 1877. Aussitôt, avec l'assentiment de Monseigneur, l'abbé Javelle constitua un comité, chargé de recueillir les souscriptions et de veiller à l'exécution des travaux. Le dimanche 20 mai, il annonçait à sa paroisse le projet du monument et, le 26, il formait un comité de dames patronnesses, spécialement chargées de faire connaître l'œuvre de Notre-Dame d'Etang et de provoquer et recevoir les offrandes.

A cette date, son désir et son espérance — il l'avait dit dans la préface qui accompagnait le discours de M. Forthey — étaient de voir Monseigneur poser et bénir la première pierre du monument, le 2 juillet de la même année. Dès que la souscription fut ouverte, les dons affluèrent.

Il est vrai que les grosses libéralités étaient rares, plus rares sans doute que les sévères critiques, car, encore au 25 juin, M. Javelle s'avoue fatigué, malade même des contradictions que rencontre son projet. Mais, en revanche, les petites sommes viennent nombreuses. A côté de la modeste offrande de l'artisan, l'obole de l'ouvrière qui sacrifie à Marie quelques économies ou, mieux encore, lui consacre le prix d'un travail accompli aux dépens de son sommeil. Ce monument serait donc surtout l'œuvre du peuple : n'est-ce pas un signe de plus que ce sera l'œuvre de Dieu ?

L'abbé Javelle le crut du moins ; et, sans plus hésiter, en dépit de contradictions inexpliquées, il fixa, avec l'agrément de Monseigneur, au 2 juillet 1877, la bénédiction de la première pierre du futur édifice.

« Malgré la pluie qui tombait à torrents,

une foule considérable de pèlerins, bannières déployées, assistait, dans le plus profond recueillement, à l'inauguration du monument. La joie rayonnait sur tous les visages ; la confiance était dans tous les cœurs (1). »

Et pourtant, n'était-ce pas là le premier et presque ridicule effort d'une entreprise sans issue possible ? Quels étaient les artisans de l'œuvre gigantesque que rêvaient tous ces pèlerins ? Un évêque de quatre-vingt-deux ans et un prêtre de santé délabrée. De quelles ressources disposaient-ils au début de leur entreprise ? Sans doute, les terrains nécessaires avaient été acquis ; mais il restait 800 francs... de dettes. Une fois de plus, l'aveugle confiance en Dieu et en Marie devait mettre en pleine déroute la pauvre sagesse humaine qui se juge si clairvoyante.

Mais ce fut au prix d'efforts presque surhumains et renouvelés pendant près de vingt ans. Durant cette longue période, il fallut surveiller des ouvriers qui travaillaient à distance, discuter des devis avec les entrepreneurs et l'architecte, recevoir des travaux ou contrôler des mémoires, satisfaire, par

---

(1) Abbé Javelle, *loc. cit.*, p. 5.

des comptes rendus annuels, la légitime curiosité des donateurs et surtout soutenir jusqu'au bout l'élan de leur générosité. Malgré la délicatesse de sa santé, l'abbé Javelle suffit à tout. Entre deux voyages, il multiplie les lettres ou de sollicitation ou de remerciement ; aux lettres succèdent les circulaires ; aux circulaires, les sermons ; aux sermons, les articles ; aux articles, les brochures : je ne parle pas des appels qu'il fait, au moins une fois l'an, pour une souscription toujours ouverte.

Dès la fin de juillet 1877, il part à la Grande Chartreuse, avec une lettre de Mgr Rivet. Le 9 août, il en revient rapportant un billet de 1,000 francs et l'espérance d'un plus large secours. Mais la mort du supérieur général et les préoccupations qui la suivent, font sans doute oublier aux religieux le monument de Notre-Dame d'Etang, car, au mois de mai 1878, l'abbé Javelle renouvelle sa requête, et, au nom de dom Roch, l'ancien supérieur et l'ami de Mgr Rivet, au nom de saint Bruno qu'une fraternelle amitié avait uni à saint Robert, au nom surtout de la Sainte Vierge, il sollicite encore une fois la charité si connue des Pères.

Cependant les offrandes lui viennent d'un peu partout : de l'oratoire de Londres, il reçoit une « truellée de mortier » ; un Bourguignon, installé à Paris, lui envoie un billet de 100 francs. Parfois, avec le secours attendu, lui arrive, comme un précieux surcroît, un mot de foi vive qui réveille sa propre foi, une parole d'encouragement qui rend à ses espérances l'éclat de leurs premiers rayons. M. L... lui écrit de Vitteaux : « Ma famille et moi ne voyons pas d'honneur comparable à celui que vous promettez aux souscripteurs d'au moins 200 francs. Aussi, souscrivons-nous d'abord pour ce minimum que j'emprunterais si nous ne l'avions, tant je comprends personnellement votre œuvre, qui n'est plus aujourd'hui une œuvre de simple dévotion, mais qui s'impose désormais à tout le diocèse comme une œuvre de protestation et de réparation... La Sainte Vierge ne me paraît pas avoir dans le département un « chez soi » proprement dit : c'est un désordre qui ne peut durer... Courage ! vous n'êtes pas aussi loin que vous le craignez d'atteindre le but. Le succès vous viendra des ennemis mêmes de Celle que vous avez entrepris de glorifier : c'est leur impiété qui stimule mon zèle et va me faire travailler pour vous. »

Quelquefois, la souscription est le fruit d'une promesse faite à Notre-Dame d'Etang en retour d'une faveur obtenue : « Notre-Dame s'est montrée secourable dans une affaire temporelle, écrit-on à l'abbé Javelle, de l'hôpital de Dijon. Notre digne Mère supérieure me charge de vous adresser la somme de 50 francs, destinée au béni sanctuaire de la Vierge immaculée. » Et n'est-ce pas encore pour le curé de Velars un puissant réconfort de penser que la Sainte Vierge travaille avec lui ?

En mars 1880, sur le conseil de Monseigneur et des membres du Comité, l'abbé Javelle adresse une circulaire aux religieuses de la Visitation et à leurs élèves. Après leur avoir exposé l'état des travaux et les craintes qu'il éprouve de les voir interrompre faute de ressources, il sollicite d'elles les pierres et le sable qui lui permettront, cette année-là, d'élever le monument jusqu'à la coupole. Il place sa requête sous le puissant patronage de saint François de Sales, qui avait pour Notre-Dame d'Etang une si tendre dévotion, et de sainte Chantal, qui est venue si souvent lui confier ses peines et implorer sa protection, et il ose espérer que son humble demande ne sera pas rejetée.

L'année 1883 semble marquer une étape pour le curé de Velars. Dans une petite brochure qu'il publie sur l'*Œuvre de Notre-Dame d'Etang*, il en examine le passé, le présent et l'avenir. Le passé, nous le connaissons. Pour le présent, le monument n'atteint encore, à cette date, que le tiers de sa hauteur définitive ; mais les fortes dépenses sont faites. Elles se sont élevées à *37,164 francs ;* et, à part quelques souscriptions qui atteignent ou dépassent 1,000 francs, celles de l'évêque, du clergé, des Chartreux, de la paroisse de Plombières, cette somme lui est arrivée par petites offrandes de 5, 10 ou 20 francs. Dans ces conditions, est-il permis de douter de l'avenir? « Trop de sympathies s'attachent à l'œuvre, le culte de Notre-Dame d'Etang a jeté de trop profondes racines dans les cœurs bourguignons pour nous permettre à cet égard la moindre hésitation... Certains que la gloire de Marie et la dignité de son culte exigent ce monument, nous ne l'interromprons pas... Ne craignez rien pour les autres œuvres : c'est le fait admirable de la charité catholique de savoir se multiplier sans s'épuiser... Donnez! ne fût-ce qu'une pierre, ne fût-ce qu'un grain de sable. Cette pierre, ce grain de sable deviendront un jour les plus beaux fleurons de votre couronne immortelle. »

Les choses n'allèrent pas aussi vite que le prévoyait l'optimisme officiel de l'abbé Javelle. La négligence, pour ne rien dire de plus, d'un premier entrepreneur qui avait employé des pierres gélisses, obligea à refaire une partie des travaux; les ressources n'arrivaient plus que lentement, si bien qu'au lieu de trois années prévues, ce furent presque dix ans qui s'écoulèrent avant que s'achevât le dôme qui couronnait l'édifice.

A cette date, la nouvelle statue de Notre-Dame d'Etang était coulée et elle se dressait, majestueuse et accueillante, devant l'église de Velars; mais les huit morceaux qui la composaient ne pesaient guère moins de *11,000 kilos*. En apprenant ce poids énorme, des personnes compétentes craignirent pour la solidité du monument qui devait le supporter et firent part de leurs appréhensions à l'abbé Javelle.

Le curé de Velars se résigna-t-il alors à ne

mettre qu'une simple croix sur l'édifice et à placer la statue, à mi-hauteur, sur la galerie extérieure que supportent les grandes arcades du rez-de-chaussée? On put le craindre un instant. Sur le calendrier que *Le Bien Public* envoya à ses abonnés au 1er janvier 1892, c'était une croix qui dominait le monument; et, comme l'on savait les relations intimes de l'abbé Javelle et du directeur du journal, cette nouvelle, qui n'était pas invraisemblable, trouva facilement crédit.

Aussitôt, le curé de Savigny, avec une rude franchise, en écrit sa pensée à son ami. Pour lui, cette décision serait déplorable et ferait échouer la noble entreprise.

« Encore, si le second étage des grandes fenêtres avec son dôme n'existait pas, je comprendrais que l'on s'arrête, à moitié chemin, devant des craintes sérieuses ; mais, la construction étant complète, il faut, à tout prix, qu'elle reçoive son couronnement voulu. Je ne dis pas que les craintes soient exagérées — on ne peut prendre trop de précautions — mais je dis qu'il est facile d'y remédier. » Et, sans tarder, le modeste curé qui avait, à lui seul, restauré son église, indique, avec la compétence d'un ingénieur, le moyen de pourvoir, s'il y a lieu, au défaut de solidité : c'est la colonne intérieure ou bien en pierre s'appuyant sur le sol, ou bien en bois ou en fer établie sur une solide plateforme ménagée à la hauteur du triforium ou peut-être seulement à la naissance du dôme. Il discute, au point de vue de la solidité et de la beauté, les avantages et les inconvénients de chaque système, et il termine en s'excusant d'une intervention que, seul, lui a inspirée l'intérêt qu'il portait à l'abbé Javelle et à son œuvre.

L'avis était-il nécessaire? Chacun sait du moins qu'il fut utile. Le curé de Velars écrivit à l'architecte, loua la beauté de son monument, parfait de proportion et de style; mais, en lui rappelant le poids de la statue, il lui demanda s'il n'avait aucune crainte pour sa solidité : « Vous savez qu'un autel à quatre faces doit être construit au centre du monument et s'élever, avec ses tabernacles et ses niches, presque à la hauteur des voûtes. Il me semble que ce massif pourrait servir de base à une colonne, qui s'élèverait jusque au-dessus du couronnement du dôme, et porterait, pour ainsi dire, le dôme, le piédestal et la statue elle-même. Malgré la nouvelle dépense que m'occasionnerait cet imprévu, je n'hésiterais pas à l'entreprendre, si vous croyez à son utilité. »

L'architecte crut à cette utilité et fit sienne, sans réserve, l'idée du curé de Savigny. La colonne fut construite; et ce n'est que sur la fin de l'année 1893 que la statue, qui attendait depuis dix-huit mois devant l'église de Velars, prit possession de son trône. Marie, cependant, n'avait pas encore le vêtement d'or qui convenait à sa royauté et le curé de Velars semblait hésiter devant cette dépense nouvelle. « Ce n'est pas le moment de vous décourager, lui écrit le curé de Sainte-Marie-sur-Ouche. Il faut achever votre grande et belle œuvre; il faut faire dorer la statue. Autrement, elle ne paraîtra qu'un point noir dans l'espace et elle ne dira rien de plus que la statue de Vercingétorix : il s'agit de quelques milliers de francs que vous trouverez comme les autres. Vous pouvez compter sur ma souscription... »

L'abbé Javelle écouta son confrère ; mais il lui fallut deux ans encore pour achever, avec la dorure de la statue, la décoration prévue de l'intérieur du monument. Ce n'est qu'en juin 1896, que Mgr Oury put enfin annoncer au diocèse l'inauguration de la chapelle (1) :

---

(1) Voir p. 298.

« Le 2 juillet 1877, vous ne l'avez certainement pas oublié, Nos très chers Frères, votre vieil évêque, de regrettée mémoire, bénissait la première pierre. A partir de ce jour, le prêtre zélé, qui avait résolu de dépenser ses forces à la réalisation de cette œuvre, dût-il y laisser sa vie, y consacra ses forces et en poursuivit l'achèvement, avec une activité patiente que n'ont pu vaincre ni les obstacles ni les lenteurs, bien capables cependant de fatiguer une volonté moins tenace que la sienne. Et voici qu'aujourd'hui nous avons la joie de voir ses courageux efforts couronnés de succès. L'heure a donc sonné de chanter avec lui l'hymne de l'allégresse, et le moment est venu de consacrer solennellement au Sauveur le monument édifié en l'honneur de sa Mère. »

Dès le début de 1896, la consécration du monument avait été la grande, l'unique préoccupation de l'abbé Javelle. Bien avant le 2 juillet, il élabore et, avec l'approbation de Monseigneur, il fixe le programme des fêtes. Autour de lui, tous ses amis se réjouissent, le félicitent, l'encouragent, lui promettent un concours dévoué. Un enfant de Velars, maître-sonneur de la cathédrale, s'engage à chanter, sur ses cloches, un grand nombre de cantiques à la Sainte Vierge. Celui qui devait être, après M. Javelle, le chapelain de Notre-Dame d'Etang, se met à son service pour ces jours de fatigue et lui envoie l'assurance de son absolu dévouement.

Avec le mandement de Mgr Oury, des affiches-programmes, placardées à Dijon et envoyées à tous les curés, apprennent au diocèse la bonne nouvelle. Mais quand on sut que la statue miraculeuse de Notre-Dame d'Etang devait, comme jadis aux heures des calamités publiques, résider dans sa bonne ville de Dijon pendant un *triduum* solennel, tous les collèges catholiques, beaucoup de communautés religieuses réclamèrent l'honneur de recevoir sa visite. Quel bonheur dut goûter le curé de Velars à lire toutes ces requêtes où éclate, en termes émus et toujours persuasifs, un si filial amour pour Notre-Dame d'Etang. Pourquoi faut-il se borner? On voudrait les citer toutes et tout au long. A Saint-Ignace, les élèves se prépareront, par la communion, à recevoir leur Mère du ciel; et le R. P. Heinrich, leur supérieur, sollicite, pour lui, le bonheur de porter la sainte image de la porte du collège jusqu'à la chapelle.

La prieure du Carmel espère que la divine Mère, qui se dispose à renouveler le mystère de la Visitation, n'oubliera pas qu'Elle est chez elle, au Carmel, et qu'Elle viendra bénir ses filles. Pour obtenir à sa communauté la même faveur, l'aumônier de la *Providence* s'autorise des préférences que la Sainte Vierge a toujours marquées pour les humbles et les petits. La supérieure des Marie-Thérèse fait appel à la foi sacerdotale de l'abbé Javelle et le prie, avec instance, d'apporter dans leur sanctuaire la Madone que leur demi-clôture ne leur permet pas d'aller voir en pèlerinage. Sous prétexte qu'elle occupe maintenant les anciens bâtiments de la Visitation, la communauté de Sainte-Marthe va jusqu'à prétendre, avec une pieuse hardiesse, que la Sainte Vierge doit lui rendre la visite que saint François de Sales et sainte Jeanne de Chantal lui firent dans les premières années du dix-septième siècle. Quelle foi naïve partout et combien d'affectueuse ferveur !

Tout cela était de l'imprévu. Dans le mandement qui fixait le programme de la fête, Monseigneur ordonnait que la statue miraculeuse fût exposée et offerte à la vénération publique, à Saint-Bénigne, le 29 juin ; à Notre-

Dame, le 30 ; à Saint-Michel, le 1ᵉʳ juillet ; et les curés des paroisses élues avaient accepté avec empressement, et s'étaient mis, sans réserve, à la disposition de M. Javelle. A la dernière heure, il fallait donc changer, en partie, le premier dispositif. Monseigneur n'hésita pas à le faire et le curé de Velars fut autorisé à satisfaire les désirs si légitimes et si pieux qui lui étaient exprimés.

Cette nouvelle provoqua, partout, la plus vive allégresse. Le couvent de la *Providence* l'accueillit avec des acclamations, et aussitôt on entonna le chant du *Magnificat*. Les Carmélites se disposèrent à vivre, sur terre, une « journée du ciel » ; et, enhardies par le succès, elles sollicitèrent encore l'honneur de passer la nuit du 1ᵉʳ au 2 juillet en compagnie de Notre-Dame d'Etang pour lui faire entendre, dans une veille solennelle, le *laus perennis*, et lui dire tant de choses qui réclament sa toute-puissante intervention... Est-il besoin d'ajouter que la seconde prière reçut le même accueil favorable que la première ?

Pour assurer le fruit de ces fêtes solennelles, M. Javelle avait choisi les prédicateurs les plus capables de réveiller la foi des pèlerins et de les jeter, tout frémissants de confiance et d'amour, aux pieds de la Vierge d'Etang. Le P. Gaffre devait porter, dans la chaire de Saint-Michel, toute la fougue de son éloquence ; le P. Chevallier accepte de se faire, jusqu'à trois fois, pendant les fêtes, le panégyriste de la Sainte Vierge ; enfin, Mgr Rouard, évêque nommé de Nantes, après avoir, devant les impérieuses nécessités dont il est devenu l'esclave, essayé de retirer sa parole, cède aux pressantes instances qui lui sont faites : une dernière fois avant l'exil, il allait faire entendre à ses anciens paroissiens de Saint-Bénigne l'accent ému d'une parole aimée.

Ainsi préparées, ces solennités, qui avaient pour objet une dévotion si populaire en Bourgogne, devaient être magnifiques. Elles le furent en réalité. La *Semaine religieuse* le constate brièvement dès le 4 juillet : « La statue de Notre-Dame d'Etang a reçu, dans la bonne ville de Dijon, un accueil enthousiaste. Sans doute, il n'y eut ni échevins ni Parlement pour la recevoir ; mais la foule des fidèles se porta, avec un empressement extraordinaire, partout où la bonne Vierge fut présentée à la vénération de son peuple. Le jeudi, à Velars, l'affluence fut énorme : on estime que le nombre des pèlerins ne fut pas inférieur à 6,000. »

Apportée à Dijon dès le dimanche 28 juin, la statue miraculeuse fut déposée dans le salon de M. Jobard, transformé en oratoire pour la circonstance. De là, conduite par deux chevaux blancs, sous la garde de son fidèle chapelain, elle se rendit, les jours suivants, dans les divers sanctuaires où elle était attendue. Ce fut partout la même ferveur d'hommages; mais ces hommages ne revêtirent pas partout la même expression. Ici, on a dressé un arc de triomphe; là, on a élevé un trône de trois mètres de haut. Ici, des petits anges frisés et des enfants de chœur au costume éclatant; là, un bataillon d'élèves, le fusil sur l'épaule et formant une escorte militaire. Ici, une gracieuse théorie de jeunes filles au long voile blanc, toutes couronnées de roses; là, un cortège sévère de religieuses, ensevelies, pour ainsi dire, sous leur grand voile noir. Ici et là, cependant, sous le surplis brodé comme dans l'uniforme militaire, dans la robe blanche de la jeune vierge comme sous le voile noir de l'austère carmélite, c'est partout le même amour et un égal désir de rendre plus éclatant le triomphe de Notre-Dame d'Etang.

Aux heures laissées libres par ces visites, la statue de la Sainte Vierge recevait, dans le salon de M. Jobard, les hommages d'une multitude de pèlerins isolés. Mais ce fut aux cérémonies du soir que la foule se porta de préférence. A la cathédrale, après le discours de Mgr Rouard, la vénération de la sainte image dura si longtemps que l'office, commencé à 8 heures, ne prit fin qu'à 10 heures. Le mardi, l'église Notre-Dame était comble avant même qu'on ait sonné l'office. Le mercredi enfin, plus de 2,000 personnes se pressaient à Saint-Michel pour y entendre l'éloquent discours du P. Gaffre. Il est donc juste de dire, avec *Le Bien Public*, que, durant ces trois jours, Notre-Dame d'Etang fut l'objet d'honneurs extraordinaires et de touchantes manifestations populaires, et que ces belles journées resteront éternellement inscrites dans les fastes religieux de la cité dijonnaise.

La journée du 2 juillet devait clore superbement ce triduum solennel. Dès la première heure, tous les chemins qui convergent à Velars, routes qui courent dans la vallée ou sentiers qui dévalent des montagnes, étaient couverts de pèlerins ; un train spécial en amène une foule de Dijon et d'au delà. Rarement, le riant et paisible vallon n'avait offert un aspect plus pittoresque ni senti une vie plus intense. Devant l'église, la procession s'organise sans retard : bannières au vent, on gravit la montagne au chant des cantiques ou dans la mélopée des *Ave*. Un grand nombre de pèlerins couvrent déjà le sommet de la colline. Entouré d'un nombreux clergé, Monseigneur pénètre dans l'intérieur du sanctuaire et, aussitôt, M. le curé lui fait, pour ainsi dire, la remise du monument :

Monseigneur,

« Il y a vingt ans ! — c'était hier ! — Mgr Rivet posait la première pierre de ce monument que votre bénédiction va couronner.

« Un monument ici ! s'écriait Mgr Rivet, à
» cette hauteur si difficile à aborder ! Cette
» œuvre, entreprise par un prêtre d'une santé
» délabrée, apportant, comme première res-
» source, huit cents francs... de dettes, dans
» les temps pénibles que nous traversons,
» c'est contre toute prudence humaine.

» Mais, serviteur désigné par une volonté
» suprême, j'obéis à un ordre divin en posant

» cette première pierre ; humble ouvrier de
» la première heure, je sais que je ne verrai
» pas son achèvement, mais je sais aussi que,
» quand un autre pasteur viendra l'inaugurer,
» Dieu permettra à mon âme immortelle
» d'être à côté de lui et de partager les joies
» du triomphe. »

» Dieu a voulu que cette montagne, témoin de tant de miracles, accomplis à la prière de notre divine Mère, fût un jour enfin signalée au loin à tous les fidèles. Comme toutes les œuvres entreprises pour la gloire de Dieu, celle-ci a eu ses jours d'angoisses.

Monseigneur,

» D'année en année, de mois en mois, de jour en jour, d'heure en heure, de minute en minute et, oserai-je le dire, de seconde en seconde, les difficultés, qui ne cessaient de se présenter, se trouvaient presque instantanément résolues.

» Nous n'avions rien : la chapelle, le sol que nous foulons en ce moment, les bois qui nous entourent, la belle source intarissable de Sainte-Anne, à laquelle se désaltéraient les nombreux pèlerins qui montaient au sommet de cette montagne sacrée, rien ne nous appartenait.

» Mais, tous les jours aussi et de toutes les régions de la France, nous parvenaient des dons qui nous permettaient de faire face à tous les engagements que nous prenions, confiants dans la protection divine. Ces bois, cette source, ce terrain sont aujourd'hui consacrés à Notre-Dame d'Etang.

» Mais en même temps que ces offrandes, quelle multitude de dons! Toutes ces pierres, Monseigneur, tous ces grains de sable crient vers le ciel et portent jusqu'à Dieu des actes de foi et d'espérance dont les auteurs reçoivent chaque jour la récompense.

» Ah! prions aujourd'hui pour tous ceux qui, depuis vingt ans, se sont groupés autour de nous. Souscripteurs inconnus, qui nous avez permis de commencer, de continuer et qui nous aidez à parachever ce monument élevé à la gloire de la Mère de Dieu, soyez bénis.

» Mais si toutes les difficultés matérielles ont été surmontées, nous devons vous dire aussi, Monseigneur, que nous avons constaté que nous étions sous la protection divine.

» Au cours de ces longs, difficiles et dangereux travaux, pas un seul accident ne s'est produit. Avions-nous des ouvriers expérimentés ? Non. Pouvions-nous dépenser, dans nos moyens d'action, toutes les sommes nécessaires ? Non, et nous pouvons le dire, l'érection de la statue de la Vierge qui couronne ce monument a été faite dans des conditions qui ont dérouté les hommes les plus habitués en ces genres de travaux.

» Ce serait trop long, Monseigneur, de vous raconter tous les faits qui se sont produits pendant cette construction ; je veux cependant vous dire celui-ci :

» Un jour, les ouvriers qui sont ici présents, avaient monté, par le treuil, un bloc pesant un millier de kilos, pour la construction de la colonne.

» Au moment où ce bloc allait être déposé à sa place, les poulies ne fonctionnant plus, trois de ces ouvriers se mirent sous cette masse énorme et commencèrent à tirer à force de bras, tandis que deux autres montèrent sur lui.

» Cette pierre finit enfin par être mise en place, mais quand les câbles furent enlevés, les ouvriers constatèrent que le câble qui l'avait soutenue jusqu'au dernier moment, était en partie rompu et qu'elle était restée suspendue par un brin de câble ne présentant aucune consistance.

» Aussitôt, et se rendant compte qu'ils venaient tous d'échapper miraculeusement à la mort, ils déléguèrent le maître maçon et le chargèrent d'aller, de suite, à l'église de Velars remercier, en leur nom, la Vierge miraculeuse qui venait de leur donner cette preuve de sa protection.

Monseigneur,

» Successeur de Mgr Rivet, héritier de ses vertus et de sa dévotion à la Sainte Vierge, vous allez sanctifier ces pierres.

» Merci pour les paroles que vous avez écrites et dans lesquelles vous avez mis tout votre cœur.

» Merci pour les prières que vous avez chantées en l'honneur de Notre-Dame d'Etang.

» Merci pour l'édification que vous nous donnez, en apportant votre bénédiction à ce monument, au prix de tant de fatigues et de peines. Que Notre-Dame d'Etang vous en récompense !

» Et maintenant, Monseigneur, ma mission est terminée.

» Je n'ai plus qu'à entonner mon *Nunc dimittis* et à penser, dans ma solitude, à une préparation aux années éternelles. *Nunc dimittis servum tuum, Domine, secundum verbum tuum in pace*, parce que mes yeux peuvent contempler, au sommet de ce monument, Celle qui apporte le salut à la terre : *Quia viderunt oculi mei salutare tuum.*

» Elle s'élève comme une reine et domine toute la contrée : *Ante faciem omnium populorum*, pour être comme un phare au milieu des tempêtes de ce monde : *Lumen ad revelationem gentium*, pour être, à tous ceux qui la vénèrent, la joie dans les tristesses, la consolation dans les peines et l'espérance du peuple chrétien : *Et gloriam plebis tuæ Israel.* »

Avec un merveilleux à-propos, Monseigneur remercie et félicite l'heureux chapelain, mais sans lui permettre de chanter son *Nunc dimittis ;* il fait, au contraire, des vœux ardents pour que la Sainte Vierge lui accorde encore de nombreuses années de grâce et de bénédictions. Il procède ensuite à la bénédiction du monument, des statues et des autels et célèbre enfin la sainte messe, à laquelle une foule immense assiste du dehors.

Le soir, l'église était trop petite pour recevoir ceux qui voulaient entendre le P. Chevallier célébrer les gloires de Notre-Dame d'Etang. Aussi le sermon se donna-t-il sur la place. A l'issue des vêpres, on vénéra, une dernière fois, la statue miraculeuse et la foule se dispersa sous une pluie torrentielle qui, sans altérer la joie des cœurs, accrut le mérite des pèlerins.

Qui pourrait dire les grâces particulières, spirituelles ou temporelles, dont ces fêtes furent l'occasion pour un grand nombre d'âmes? Ce que tout le monde put constater, c'est qu'elles produisirent comme un rajeunissement du culte de Notre-Dame d'Etang. « Notre-Dame d'Etang a fait une bonne semaine, écrivait au curé de Velars un heureux témoin. Son culte va recevoir de nouveaux accroissements des ovations de Dijon et de l'impression qu'a laissée la journée d'hier. Quelle foi dans ce peuple! Quelle confiance et quel amour et comme tout cela est consolant! »

Pour l'abbé Javelle, ce fut sa suprême joie d'avoir assisté à ce nouveau triomphe de Notre-Dame d'Etang qu'il avait si longuement préparé. Comme il en avait le pressentiment, son œuvre d'ici-bas était finie. Dieu avait entendu et Il allait exaucer sa prière du *Nunc dimittis*. Il lui laissa cependant quelques mois pour achever sa préparation à la mort.

CHAPITRE X

Portrait et mort d'un bon serviteur de la Sainte Vierge.

L'ABBÉ Javelle avait été, au service de Notre-Dame d'Etang, un merveilleux ouvrier. La Sainte Vierge semble l'en avoir récompensé dès ici-bas : au milieu de travaux, de souffrances et d'épreuves de toute nature, sa main délicate et puissante lui façonna une âme vraiment sacerdotale. Avant de suivre le curé de Velars dans sa lente agonie, nous voudrions essayer de faire revivre sa bonne figure, désormais évanouie dans la mort, et surtout contempler sa belle âme, foyer rayonnant de lumière, source toujours jaillissante de sainte énergie.

Un jour, il déclinait l'invitation d'un ami

intime par ce billet piquant : « Je suis encombrant, vieux, point décoratif : je n'ai que le cœur de bon pour vous aimer... » Pour ceux qui connurent le curé de Velars, ce billet ne prouvait qu'une chose, c'est que, dans sa vie, il avait donné plus de soin à son âme qu'il n'avait prêté d'attention à son corps.

Sans doute, l'âge et la maladie avaient alourdi plus que de raison son pauvre corps qui, mal servi par des organes usés, respirait presque toujours la fatigue et la souffrance. Ses longs cheveux bouclés, sa barbe de patriarche, donnaient à sa figure plus de majesté que de charme. Mais la flamme d'un œil toujours pétillant et le fin sourire de bienveillance, qui habituellement détendait les traits du visage, attiraient et retenaient les sympathies. On devinait, sous l'enveloppe un peu épaisse, un esprit élevé, un cœur chaud, une âme sereine.

Est-il un de ses confrères qui ne se rappelle son cordial accueil, le sourire aux lèvres, la main tendue ou les bras ouverts, et, suivant les personnes, un mot de malicieuse bonhomie ou de douce charité ? Sur son lit de souffrance ou à son bureau de travail, au milieu du tumulte de la rue ou dans le recueillement de la sacristie, c'était toujours le même homme et son affabilité le suivait partout. Plus réservé dans le monde, il n'y portait pas moins de distinction, et des femmes de race louaient, chez lui, la grâce aimable et généreuse qu'il mettait dans toutes ses paroles et tous ses actes.

C'est qu'il lui était si facile de s'oublier pour les autres, tant il était mort au monde et à lui-même ! Il ne tenait pas à la fortune : de son patrimoine, il écrit un jour à un ami, qu'il vient d'en engager le reste pour le monument de Notre-Dame d'Etang, et que le voilà tranquille pour un mois. Tenait-il encore à sa réputation — le seul bien à quoi un prêtre puisse tenir pour l'honneur et le fruit de son sacerdoce — depuis que, victime des pires calomnies, il en a offert, dans la tristesse de son âme, le sacrifice à la Sainte Vierge ? Du moins, sans l'aveugler, son humilité lui fait regarder plus volontiers les lacunes de sa vie et les qualités d'autrui et lui rend agréable la pratique de la charité. Son dévouement ne connaît rien d'impossible. Que de lettres délicates ! Que de démarches pénibles et, partout, combien de tact et de discrétion ! C'est lui qui toujours paraît l'obligé ; et, après les joies de sa piété, l'abbé Javelle ne connut pas sans doute de joies plus vives que celles de rendre service et de faire des heureux.

Et loin de s'épuiser, sa charité se dilate à l'exercice. Il ne sait pas se donner à moitié et son âme a parfois toutes les tendresses d'une affection maternelle. Une de ses dirigées lui écrit : « Vous avez pour moi des soins de mère, qui trouve des ressources même pour l'enfant idiot. » Un jeune homme de Velars, qu'il a presque élevé, part pour son service militaire : le soir, à l'église, l'abbé Javelle se trouve mal en entendant passer l'express, qui emporte son enfant à l'autre bout de la France. Un autre jour, il écrit sur son agenda : « A sa mère mourante, j'ai promis que je serais la mère de P... par le cœur et par les effets. Je tiendrai parole. Mon Dieu, aidez-moi, donnez-moi un cœur de mère. » Et, pendant quatre ans, jusqu'à son mariage, il suit son fils adoptif avec le plus grand désir de le rendre meilleur, plus chrétien et plus digne du cœur qui se donnera à lui : « Ce qui fait l'objet de mes sollicitudes, je dirais presque de toutes mes pensées, c'est la préparation de votre âme à la grâce du sacrement : qu'elle reçoive en abondance tout ce qu'il faut pour fonder un foyer chrétien et heureux ! » Quel retour d'affection provoquait une charité si dévouée, on le devine, et aussi comment l'abbé Javelle savait l'exploiter pour le bien des âmes et la gloire de Dieu.

Comme Jésus-Christ, il tenait pour son premier devoir de prêcher d'exemple. Sa si grande confiance en Celle qui peut tout auprès de Dieu ramenait, dans les cœurs troublés, le calme et l'espoir. Sa vie non seulement embaumait, mais enivrait, de la bonne odeur de Jésus-Christ, ceux qui en étaient les témoins édifiés. Il paraissait à quelques-uns — ici, je copie les expressions — un *pauvre martyr*, comme un *beau portrait vivant* de Notre-Seigneur. Après avoir ainsi agi, il pouvait, avec autorité, conseiller et instruire.

La foi avait affiné, chez lui, un esprit pétillant et naturellement droit : ses vues étaient, tout ensemble, élevées et pratiques. Quand, une fois, on avait pu apprécier ses lumières, « son don de seconde vue », on ne l'oubliait plus ; et l'on continuait, par lettres, la direction qu'une rencontre providentielle avait commencée. Des religieuses attendent de son expérience les moyens nécessaires pour aimer et servir Dieu. De loin, il ne cesse de s'occuper de la situation et surtout de la conscience de son enfant devenu soldat : il lui dit ses craintes de le voir défaillir et lui prodigue, selon l'heure, les conseils les plus opportuns. Il engage un père à parcourir le catéchisme de *Gaume*, afin de pouvoir indiquer à ses enfants, en temps utile, les passages à lire. « Il y a des pages, poursuit-il, dans la *Vie des saints* que L... lirait déjà avec plaisir. La sensibilité est aussi un don de Dieu : il ne faudrait donc pas la négliger entièrement. Il faut étudier les facultés intellectuelles et morales de l'enfant et les développer de façon qu'elles soient harmonieusement équilibrées. » Avec quelle respectueuse docilité on reçoit ces conseils qu'on a provoqués! avec quelle scrupuleuse exactitude et aussi quel fruit on les met en pratique! Ils rendent la paix aux âmes troublées; chez celles qui sont fatiguées de la vie, ils produisent un renouveau de générosité; ils relèvent parfois si bien un esprit abattu que le physique même semble se rétablir sous l'effet de ces saintes paroles. Et pourtant, si fortes, si doucement persuasives que soient les lettres de l'abbé Javelle, elles ne remplacent pas un entretien vivant. A côté de mercis, quelquefois mouillés de larmes, que de regrets amers ! que de désirs ardents ! « Si j'avais trouvé ici une personne comme vous, il me semble que ma vie aurait été toute changée... Ah ! si je pouvais me confesser à vous et vous soumettre toute ma vie, il me semble que je n'aurais plus de chagrins... »

Telle était la puissance que donnaient, aux conseils de l'abbé Javelle, la sainteté de sa vie et aussi, il faut le dire, l'inspiration d'une vraie charité. Sa tendresse n'a rien de faible ; sa spiritualité rien de mièvre ni d'efféminé. Ce qu'il redit sans cesse aux âmes, quand, une fois, il les a aidées à jeter leur ancre dans le ciel, c'est l'inévitable souffrance, c'est la nécessité de l'expiation, c'est la science de Jésus crucifié. A un enfant malade, il conseille de penser, pour vaincre ses impatiences, à Jésus joyeux, calme et patient, malgré le froid de l'hiver et le manque de bien des choses nécessaires. Il rappelle aux âmes éprouvées que l'héritage que Jésus nous a laissé sur la terre, c'est sa croix ; et il prie avec elles ce Maître adorable, qui nous fait goûter aux douleurs de sa passion, de nous rendre dignes de participer un jour à sa gloire. « Le vrai bonheur, écrit-il ailleurs, c'est notre union avec Dieu. La marge, qui empêche cette union complète de notre âme à Dieu, c'est souvent la dette d'expiation de nos fautes quotidiennes. Vos souffrances passées et présentes, de corps et surtout de cœur, servent à acquitter cette dette. Allons ! ne perdons pas courage ! C'est un moment d'épreuve. »

Aussi, combien est grande la sécurité des âmes qui se sont confiées aux mains si douces et si fortes de l'abbé Javelle, et quelle n'est pas leur reconnaissance pour leur directeur et pour Dieu ! « Votre très chère lettre m'a donné des forces inouïes... Impossible de dire le bien que vous m'avez fait. Vos bonnes paroles répondaient à toutes mes tristes pensées : vous les avez presque dissipées et m'avez ramenée au pied de la croix... Je regrette de ne pouvoir rendre tout ce que je sens dans mon cœur de dévouement, de reconnaissance, d'abandon à vos soins paternels... Ce que vous avez fait pour gagner ma vénération, votre humilité vous le cache ; ma piété le sait. Vous m'avez fait tant de bien que je ne pourrai jamais assez bénir

Dieu et sa très chère et bien-aimée Mère de m'avoir conduite près de vous. Soyez béni par lui autant de fois que vous m'avez consolée par vos exemples si édifiants, vos paroles si sages, votre sollicitude si paternelle et si humble... » Il faut se borner pour ne répéter pas cent fois les mêmes sentiments et presque sous les mêmes formules. Du reste, ces fragments suffisent à montrer la gratitude de ceux pour qui l'abbé Javelle a été un excitateur à la perfection, un ouvrier de sainteté.

En jetant ce rapide coup d'œil sur l'œuvre ignorée d'un saint prêtre, une réflexion s'imposait à mon esprit. L'abbé Javelle a élevé à la gloire de Notre-Dame d'Etang un monument qui bravera les siècles et provoquera, en l'honneur de la Sainte Vierge, les prières et les chants de nombreuses générations. Mais son titre le meilleur à la récompense céleste ne fut-il pas encore ce temple mystique, élevé à la majesté de Dieu, formé de ces pierres vivantes et choisies dont parle la liturgie et qui, lui du moins, sera immortel comme les âmes qui le forment ?

Aussi bien, pour faire apprécier à leur prix réel, l'une et l'autre de ces œuvres, il convient de dire que le curé de Velars n'eut jamais à son service, dans son pauvre corps, qu'un instrument débile, risquant sans cesse de se rompre sous l'intensité ou la continuité de l'effort. Qui ne l'a vu, surtout dans ses dernières années, gravir péniblement, après sa messe, la petite distance qui séparait l'église du presbytère ? La figure congestionnée, la poitrine haletante, il s'arrêtait, tous les dix mètres, pour reprendre haleine ou laisser passer une quinte de toux ; quand on l'accompagnait, souvent l'oppression entrecoupait ses paroles; mais sans effacer le bon sourire qui éclairait sa physionomie. Je ne me risquerai pas à faire passer, sous les yeux du lecteur, le lamentable cortège des maladies qui l'avaient ainsi réduit. Les bronchites succédaient aux bronchites à intervalles presque réguliers; et, plus d'une fois, les temps de trêve furent troublés par des fluxions de poitrine ou des attaques d'influenza. La fièvre ne quittait guère ce corps épuisé : trente ans avant sa mort, l'abbé Javelle n'osait se promettre quelques mois de vie ; et, que de fois il ménagea à ses amis, inquiets de l'issue d'une crise, l'heureuse surprise d'une vraie résurrection !

Il faut reconnaître, cependant, que cette épreuve de la maladie ne fut pas, pour lui, sans consolation. Que de délicates amitiés il vit se dépenser autour de son lit de souffrances ! Que d'affectueuses sollicitudes inspirait, de tous côtés, à Seurre et à Dole, à Dijon et à Paris, en France comme à l'étranger, le mauvais état de sa santé, et comme l'écho qui lui en arrivait devait l'aider puissamment à tout supporter ! Que de sacrifices même provoqua le désir de conserver à l'Eglise une vie si précieuse, et qui sait si le curé de Velars ne dut pas ses dernières années à la générosité d'une personne qui, tout après avoir offert pour lui sa santé, se fit, dans une chute, une grave lésion au cœur ?

Et, parmi les marques de sainte amitié qu'on lui prodiguait, je me reprocherais de passer sous silence le dévouement de ses confrères : tout modeste qu'il fut, il lui apportait un précieux et fréquent réconfort. Ses fatigues, ses maladies l'obligeaient souvent à garder la chambre et, parfois même, le forcèrent à quitter Velars pour d'assez longues périodes de convalescence. Il lui arrivait alors de se faire remplacer par le curé de Fleurey ou des prêtres de Dijon ; mais c'est au petit séminaire de Plombières qu'il trouva ses auxiliaires les plus dévoués. Souvent, le dimanche matin, on pouvait voir, sur le chemin de halage qui longe le canal, un prêtre se diriger lentement du côté de Velars. C'était un professeur qui, sans souci de la fatigue de la semaine, s'en allait dire la messe, prêcher, chanter les vêpres à la place du pauvre infirme : tout le jour, il prodiguait aux paroissiens les soins de son ministère ; quand le curé s'y trouvait, il lui portait au presbytère un rayon de sa jeunesse et de sa gaieté ; et, le soir, il rentrait au séminaire corriger ses copies ou préparer ses classes pour le lendemain. Ils furent plusieurs qui, successivement, acceptèrent cette mission de dévouement : ils étaient fiers de s'appeler les vicaires de Velars ; et l'un d'eux, devenu curé à X..., continuait de signer, quand il écrivait à *son curé :* « Vicaire à Velars, toujours ! »

Tous ces dévouements permirent sans doute à l'abbé Javelle de prolonger au delà de toute espérance la durée de son ministère ; mais ils ne lui en enlevaient ni le souci épuisant, ni la lourde responsabilité.

Aussitôt le monument de la montagne achevé, il voulut remettre à des mains plus vaillantes le soin de continuer son œuvre et ne plus songer lui-même qu'à se préparer à la mort.

Ainsi qu'il l'avait annoncé, il désirait faire cette dernière préparation dans la retraite. Sans retard, il fit réparer la maison qu'il avait achetée à Messigny ; et, dans une chambre, aménagée en chapelle, il installa le vieil autel de bois de Notre-Dame d'Etang. Puis, au commencement de l'automne, alors que déjà la froidure humide d'octobre ébranlait à nouveau sa pauvre santé, il se décida à offrir sa démission à son évêque : « Mon cher curé, répondit Monseigneur, pas n'est besoin de vous dire combien je compatis à l'état précaire de votre santé. Vous me demandez d'accepter votre démission. C'est fort bien : mais votre poste va demeurer vacant ; je n'ai personne à y mettre, trouvez-vous un successeur. » — Le bon curé se retira.

L'hiver arriva bientôt avec son cortège de froids, de neige et d'humidité, si terrible à la santé du curé de Velars. L'abbé Javelle, qui se traînait de plus en plus péniblement, avait repris ses quartiers d'hiver dans la maison hospitalière de M. Jobard, d'où il allait célébrer la messe à la crypte du grand séminaire. Quand il devait, le dimanche, par devoir d'état, ou en semaine, pour satisfaire la dévotion de quelques paroissiens, célébrer dans l'église glaciale de Velars, c'était au prix de souffrances atroces, de véritables déchirements de sa pauvre poitrine. Souvent, des suffocations l'étouffaient et il fallait parfois le soutenir à l'autel quatre ou cinq minutes, jusqu'à ce que la crise soit passée.

Cependant, au commencement de janvier, il reçut du curé de C... une lettre l'invitant, comme toujours, à la cérémonie de l'Adoration perpétuelle. Il répondit aussitôt que, malgré l'état de sa santé, il se rendrait à cette invitation, car il tenait absolument à avoir avec M. le curé un nouvel et définitif entretien.

Et en effet, il arriva le jeudi 7 janvier, à C... « Abbé, je viens chercher, cette fois, une réponse affirmative. Monseigneur veut bien accepter ma démission, si je lui présente un successeur... Dites oui... — Monsieur le curé, je vous répondrai comme toutes les fois : demeurez comme curé ; je serai votre vicaire.

— Non, mon cher abbé, je ne puis plus : l'église est trop froide... elle est trop éloignée de la cure, je ne puis plus remonter ce pauvre chemin... la paroisse est trop étendue. — Vous n'aurez aucun ministère à faire ; on vous permettra aussi bien de dire votre messe à la cure que dans votre maison de Messigny. — Non, croyez moi, je dois me retirer ; et, d'ailleurs, je n'en ai pas pour bien longtemps ; je vous en prie, acceptez. — Eh bien ! du moins, conservez le titre de curé de Velars ; je serai votre procuré : les affaires du pèlerinage se traiteront encore auprès de vous ; je ferai le voyage de Messigny aussi souvent qu'il le faudra. — Non, prenez toute la charge ; vous êtes jeune ; vous connaissez bien l'œuvre ; et, comme vous le dites, vous viendrez me trouver... vous serez le bienvenu... nous causerons de tout cela avec joie. Oui, je resterai votre conseil, puisque vous le voulez. — Allons, puisqu'il en est ainsi, j'accepte... faites comme vous l'entendrez. »

« Il me prit alors les mains, continue M. l'abbé B..., avec cette expression de profonde affection que tous ceux qui l'ont approché lui connaissaient et dont ils étaient toujours émus : « Oh ! combien je vous remercie !... La semaine prochaine, je verrai Monseigneur. » Il fut, toute cette journée, d'une gaieté exubérante ; et ceux qui étaient présents aimaient à se la rappeler, lorsque, vingt-quatre jours après, ils apprenaient sa mort si inattendue.

Il rentra à Velars, épuisé par ce voyage ; il dit sa fatigue à quelques bons paroissiens qui s'inquiétaient de le voir si oppressé : « Oui, je n'en puis plus ; mais je suis bien content de mon voyage, l'abbé B... a dit oui... »

Bientôt les crises devinrent de plus en plus fréquentes ; son ami, Paul Jobard, l'avait contraint à s'installer de nouveau dans sa maison, où il trouvait une température plus régulière et plus clémente. Le samedi 30 janvier, il se traîna péniblement jusqu'à la crypte du grand séminaire... Ce fut à grand'peine qu'il put achever la sainte messe, la dernière qu'il devait célébrer. Le séminariste, qui la lui avait servie, lui offrit de le reconduire jusqu'à la maison Jobard. Il put cependant rentrer seul, mais après s'être arrêté vingt fois le long de cette rue qui lui parut sans fin. Il fit aussitôt appeler M. Paul Jobard, lui dit son triste état, et le supplia de le faire reconduire immédiatement à Velars.

On accéda à son désir; et, accompagné d'un prêtre qu'il emmenait pour les offices paroissiaux du lendemain, il prit la direction de son presbytère.

« En arrivant, nous dit sa fidèle domestique, il me parut bien abattu. Il gagna péniblement sa modeste cellule et se mit au lit. « Oh! que je souffre ! dit-il, que je suis » malade ! Il me faudra du temps pour me » remettre, ma pauvre A... » Se rendait-il un compte exact de la gravité de son état ou voulait-il cacher la triste réalité à sa servante dévouée ?

La journée du dimanche fut pénible : l'air manquait à sa poitrine oppressée, mais le malade se montra courageux et patient. Quand, le soir venu, devant les progrès du mal, on résolut d'appeler le médecin, un fidèle paroissien, E. L..., qui était accouru des premiers au lit de ce bon prêtre que tous aimaient et déjà voyaient avec inquiétude dans ce nouveau danger, partit pour Plombières. Le docteur se rendit aussitôt au chevet du malade et diagnostiqua une congestion pulmonaire. Il fit son ordonnance pour la nuit et promit de revenir dès le matin du lendemain.

Malgré les instances du bon M. Javelle qui craignait d'inquiéter ses fidèles amis de Dijon, on manda la nouvelle à M. Jobard. Celui-ci ne se fit pas attendre, et, accompagné des docteurs C... et M..., il accourut auprès du malade qu'il avait en si grande affection. La consultation terminée, d'un commun accord, les deux médecins déclarèrent qu'il n'y avait plus d'espoir, mais tentèrent quelques suprêmes remèdes qui pouvaient prolonger le mourant de quelques heures, de quelques jours peut-être.

En entendant cet arrêt, P. Jobard comprit son devoir. Sur son ordre, la voiture qui allait emmener les médecins, ramènerait sans tarder le Père L..., confesseur de M. le curé... Cette mesure prise, il s'approcha de l'humble couche où se mourait celui qu'après sa famille il avait le plus aimé : « Cher monsieur le curé, quand vous étiez en santé, vous m'avez souvent dit : « Mon ami, voulez-
» vous me rendre un grand service ? Eh
» bien ! quand vous me verrez bien malade,
» en danger de mort, vous me préviendrez,
» n'est-ce pas ?... » M. Paul n'eut pas besoin

d'en dire davantage. « Merci, mon ami, merci », lui répondit M. le curé. Puis il tomba dans un silence profond et recueilli.

Après quelques instants : « Paul, dit-il d'une voix faible, quel jour est-ce aujourd'hui ? — Le 1er février, monsieur le curé. — C'est donc demain la Purification... Demain... une fête de la Sainte Vierge, mon ami... Je mourrai demain. » Il tendit la main à ceux qui l'assistaient, et son visage s'illumina d'un doux sourire. Le pieux serviteur de Marie se souvenait sans doute de la parole du saint curé d'Ars : « Vous bâtirez une chapelle en l'honneur de la Sainte Vierge ; puis, peu de temps après, vous mourrez en l'une de ses fêtes. »

Il retomba dans son recueillement et ses lèvres, doucement, murmurèrent une prière.

Peu après, le Père L... arrive. M. Javelle se confesse. Il demande la sainte communion et reçoit le saint viatique, puis l'extrême-onction, avec les sentiments de la plus vive piété.

Aux témoins de cette scène émouvante, il ne cessait de redire : « Oh ! que je suis heureux !... que c'est bon d'avoir un prêtre à ses derniers moments !... Comme je remercie le bon Dieu de cette grâce ! »

Et il se mettait à prier.

« Monsieur le curé, lui dit alors le Père L..., bénissez vos paroissiens. — Oui... oui... je les bénis » ; et, faisant un effort, il lève la main, du côté du village, en un geste de bénédiction. « Bénissez-nous aussi », ajoute le bon Père. — « Je vous bénis... je vous bénis... » et il trace une petite croix sur le front de chacun de ceux qui étaient présents, agenouillés autour de lui (le Père L..., Paul Jobard, Edmond L... et A..., sa bonne).

A partir de ce moment, il tomba en somnolence, pendant que, sur son invitation, les assistants récitent le chapelet, les litanies de la Sainte Vierge, des invocations à Notre-Dame d'Etang et les prières des agonisants.

Quelques heures après, dans la nuit du 1er au 2 février, au matin de la Purification, il expirait doucement, sans heurt, sans râle, presque sans agonie. Il allait fêter au ciel la Vierge qu'il avait tant aimée ici-bas et terminer auprès de Dieu, en s'unissant à l'Eglise qui le chante dans l'évangile du jour, le *Nunc dimittis* qu'il avait commencé le 2 juillet précédent : il était âgé de 64 ans.

La nouvelle de sa mort se répandit bientôt dans le village. Aux visages consternés, aux larmes qui mouillaient tous les yeux, au concert unanime de louange et d'affection qui s'éleva de toutes parts, il était facile de juger jusqu'à quel point, par sa piété profonde, par son amour des âmes, par son dévouement incessant à tous et à chacun, pendant les trente-six longues années de son ministère à Velars, ce saint prêtre avait su gagner la confiance et l'attachement de tous ses paroissiens. Ses funérailles furent un éclatant témoignage de vive douleur et de filiale reconnaissance.

Le conseil municipal concède spontanément à son ancien curé une place au cimetière. L'église revêt son grand deuil; et, sur sa façade voilée de draperies noires, se détache une grande croix d'argent, symbole de mort, mais aussi d'immortelle espérance. Les couronnes affluent de tous côtés ; mais deux surtout retiennent les regards : ce sont celles qu'offrent à leur curé « les habitants de Velars » et « la jeunesse de Velars ». Et que dire du cortège qui, pour un suprême hommage à l'abbé Javelle, se forme autour de son cercueil et accompagne sa dépouille au champ du repos !...

Notabilités ecclésiastiques, prêtres du

doyenné, amis ecclésiastiques ou laïques, paroissiens, tous les âges, toutes les conditions semblent s'être donné rendez-vous auprès de l'humble presbytère. Et, pendant la cérémonie, quel recueillement et combien de ferventes prières, inspirées par une affectueuse gratitude et souvent mouillées de larmes !

Devant une assemblée qui s'écrase dans une église trop étroite, M. l'archiprêtre de Saint-Bénigne célèbre la messe de *Requiem;* et, avant que M. le chanoine Ramousset donne l'absoute, M. Bizouard monte en chaire pour y dire, avec éloquence, les sentiments douloureux qui animent toute cette foule et dégager de la vie du défunt une dernière leçon de sainteté (1).

Puis, on s'achemine vers le cimetière : quelques gouttes d'eau bénite sur la tombe ouverte, une dernière prière et tout est fini. Et maintenant, jusqu'à l'heure de la glorieuse résurrection, les restes de l'abbé Javelle reposent au milieu des paroissiens qu'il a tant aimés, aux pieds de la Vierge d'Etang qui a protégé et sanctifié sa vie et sa mort...

---

(1) Voir, aux pièces justificatives, n° 8.

CONCLUSION

Nous voici au terme de ce travail entrepris pour la gloire de Notre-Dame d'Etang. A d'autres de raconter comment son œuvre, en dépit de la mort et par la grâce du Dieu qui frappe et ressuscite, continue, depuis M. Javelle, à s'affermir et à se développer. Nous ne voudrions pas cependant clore ces pages, sans dire les espérances qui restent, vivaces, au fond de bien des cœurs, et saluer l'aurore de fêtes que ce modeste ouvrage a la pieuse ambition de préparer un peu.

Pour récompenser des dévouements qui veulent rester le secret de Dieu, le Souverain Pontife accordait, naguère, au chapelain de Notre-Dame d'Etang, le couronnement de la statue miraculeuse. Il reconnaissait ainsi les faveurs obtenues de Dieu par l'intercession de la Vierge d'Etang et il consacrait le culte que la Bourgogne lui rend depuis plusieurs siècles. Gloire à Marie et reconnaissance à Pie X ! Mais ces solennités, si vivement désirées, qui doivent accompagner le geste du *Couronnement*, des obstacles imprévus les ont retardées jusqu'ici. Puissent-elles, du moins, réjouir bientôt les nombreux dévots de Notre-Dame d'Etang, car, à leurs yeux, rien n'égale la grandeur du bienfait que leur accorde Pie X, si ce n'est peut-être son opportunité !

Aujourd'hui, ceux qui président aux destinées de la France font profession de ne plus avoir de croyances ; et dès longtemps, avec la foi des anciens jours, s'en sont allés, peu à peu, tous les principes sociaux qu'elle soutenait, les fiers espoirs et les généreux dévouements qu'elle avait inspirés. A mesure qu'il semble gagner, chez nous, le cœur du catholicisme, le froid de la mort engourdit les forces vives de la nation. Dans notre chaos actuel, au fléau de nos divisions s'est ajouté, parfois, le fléau plus terrible de nos prostrations découragées, quelquefois même de nos désespérances à la pensée du lendemain. Et il ne se lèvera plus de prophète pour prendre par la main notre malheureuse patrie et la ressusciter, comme Jésus fit autrefois pour la fille de Jaïre.

C'est à cette heure décisive de notre histoire que la faveur de Pie X rappelle à nos pessimismes sans foi l'amour séculaire de Marie pour la France. La Sainte Vierge ne nous a pas oubliés : merveilleuse ouvrière des miséricordes divines, elle reste encore la Mère des espérances catholiques et françaises. Dans le passé, elle a presque toujours choisi notre pays, quand elle voulait apparaître aux hommes : lui sera-t-il impossible, demain, d'ensemencer nos ruines et de nous ramener à la foi par l'amour ?

Mais, dans cette œuvre de salut national, le clergé dijonnais semble recevoir une mission officielle. C'est lui surtout qui doit s'efforcer de ménager à Marie, à l'occasion du couronnement de Notre-Dame d'Etang, un éclatant triomphe. Il faut que son zèle oblige, pour ainsi dire, la Sainte Vierge à montrer une royale magnificence à l'égard de tous les enfants de la vraie France.

Déjà, pour préparer ces fêtes, M. le curé de Velars lève, dans toutes les classes de la société, la phalange de Notre-Dame. Que, par l'intermédiaire de leurs pasteurs, tous, enfants, jeunes filles et jeunes gens, femmes chrétiennes et hommes de foi, répondent à son appel ! Comme à la veille d'une bataille décisive, qu'on remplisse, sans crainte de les déborder, les cadres de l'armée de la prière ! Et, quand sonnera l'heure attendue du couronnement, tous les âges, tous les sexes, toutes les conditions se trouveront représentés autour de Notre-Dame d'Etang. Le pèlerinage, ce jour-là, prendra les proportions d'une manifestation sociale ; ce seront les hommages et les supplications de la France entière que la Bourgogne offrira à Marie.

Et il faut que la magnificence de cette couronne humaine, dont les pierres précieuses seront autant d'âmes pures et ferventes, efface, aux yeux de la Sainte Vierge, l'éclat même de la couronne d'or et de diamants que le Pontife déposera sur son front. Mais, dans cette sainte émulation de l'art et de la piété pour glorifier notre Mère, c'est encore le prêtre dijonnais qui doit assurer la victoire à la piété. A lui, de disposer les âmes, tandis que l'orfèvre cisèle l'or et sertit les diamants. A lui, de célébrer bien haut la mission providentielle de Marie dans notre histoire. A lui, de redire, dans l'intimité des audiences qu'il accorde aux âmes, les irrésistibles attraits et les effets salutaires de son culte. A lui, enfin, de faire refleurir partout, sur notre terre désolée, la foi humble, la confiance aveugle, l'amour souverain, qui donnent à la prière une invincible puissance. Et, touchée du moins d'une indulgente pitié pour nos misères suppliantes, la Sainte Vierge nous obtiendra, du Dieu qui aime les Francs, les grâces qui rendent à un peuple, avec la vie, la science du vrai et le courage du bien.

Que Notre-Dame de la Garde apaise les colères de la mer et soit le phare et le pilote des matelots en détresse ! Que Notre-Dame de Fourvière protège le cours des grands fleuves ! Que Notre-Dame de Lourdes, admirable thaumaturge, sèche les plaies, redresse les membres ; qu'elle rende la vue aux aveugles et la vie aux mourants ! Sur notre Bourgogne, reconquise à la foi, Notre-Dame d'Etang, souveraine couronnée, continuera, avec une magnificence plus royale, ce discret et bienfaisant empire qui, parfois, guérit les corps, mais qui, plus souvent, sauve les âmes.

PIÈCES JUSTIFICATIVES

N° 1.

Extrait d'un récent ouvrage de M. Bernard Prost, intitulé : « *Inventaires, mobiliers et extraits des comptes des ducs de Bourgogne de la maison de Valois.* (Tome premier, 2e fasc., p. 283).

1372. — « Le 26 janvier 1372, le duc (Philippe le Hardi) fait rembourser 100 sols tournois à frère Guillaume de Velars, son confesseur, qui (les) lui avait presté pour offrir, tant par lui comme par Madame, quant ils furent à *Nostre Dame des Tans* en pélérinage. » (Arch. Côte-d'Or, B. 1435, f° 70).

**

1373. — Le duc retournera encore « en pélérinage » au mois d'avril 1373. (E. Petit, *Itinéraires*, p. 491).

* * *

1391. — « Agnelet Thibault de Fontaines fait testament en faveur de Notre-Dame d'Etang. » (B. II, 294, travée). Notes de l'abbé Lereuil, dans *Un curé de Plombières*, p. 15.

* * *

1425. — « Messire Laurent Fiot, prêtre, paie un cens annuel de six livres pour concession de la chapelle de Nostre Dame d'Etang, en 1425. » (Archives au titre de Saint-Bénigne).

* * *

1432. — « Messire Thibaut Ville admodiateur de la dicte chapelle, en 1432, donne pour chascun an, VI livres, au terme de la saincte Croix du mois de septembre. » (Archives au titre de Saint-Bénigne).

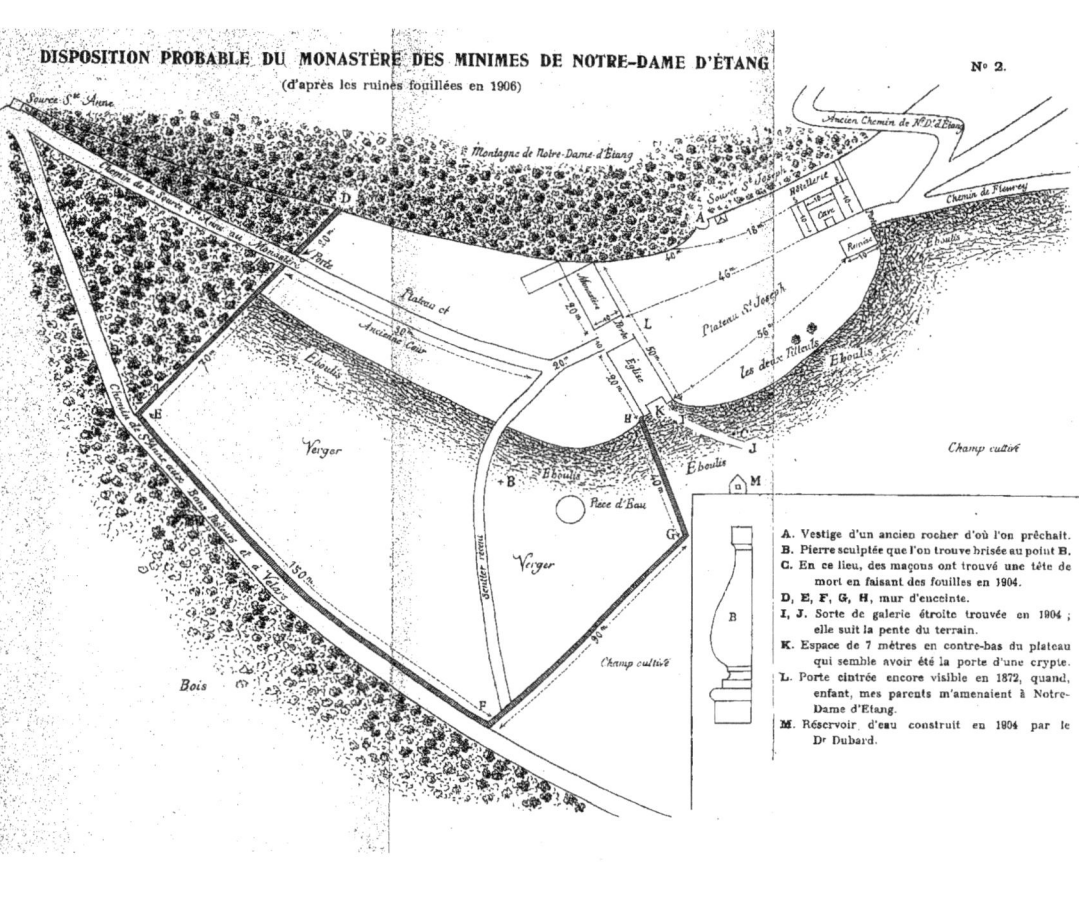

N° 3.

MÉMOIRE

DU

Conseil général de la commune de Velars-sur-Ouche
qui réclame la possession
de l'Image de Notre-Dame d'Etang.

« Les habitants de Velars-sur-Ouche apprennent avec la plus grande inquiétude les démarches que fait journellement la communauté de Plombières, pour leur ravir l'image de Notre-Dame d'Etang, démarches injustes à tous égards, soit que cette communauté agisse par des motifs de piété ou par des motifs d'intérêt ;

» Si elle agit par des motifs de piété, ces motifs, quoique louables en eux-mêmes, ne peuvent l'autoriser à dépouiller les habitants de Velars d'un objet qui leur appartient et qui, par sa sainteté, est ce qu'il y a de plus précieux dans le territoire ;

» Elevés dans la foi chrétienne et dirigés par elle, les habitants de Velars ont toujours eu et auront, comme tous les fidèles, une profonde vénération pour la Sainte Vierge. Ils se sont toujours félicités d'en avoir une image particulière qui par des miracles réitérés, a fait, d'un désert affreux, un lieu sacré et respectable. Ils ont vu une foule immense de personnes et même de la première distinction y accourir et y porter leurs hommages. Ils ont vu des voyageurs s'y rendre des extrémités de la France et des endroits les plus éloignés ; en un mot ils ont vu une dévotion universelle et qui s'est manifestée continuellement et de toutes manières.

» Non seulement ces exemples ont fait sentir aux habitants de Velars l'importance du trésor qu'ils possédaient, mais ils en ont particulièrement éprouvé les effets. De mémoire d'homme, il n'y a eu dans leur pays, ni grêle, ni maladie épidémique, ni aucun de ces fléaux qui souvent ont affligé d'autres contrées.

» Après cela, et lorsqu'on veut les priver d'un objet aussi cher que l'est pour eux l'image de Notre-Dame d'Etang, n'est-ce pas chercher à leur faire un tort inexprimable et à les plonger dans la douleur et la consternation ? La communauté de Plombières et beaucoup d'autres peuvent sans doute, par des motifs pieux, désirer cette image, mais ces motifs doivent cesser, dès qu'ils tendent à dépouiller des possesseurs légitimes et à commettre l'injustice la plus criante.

» D'un autre côté, si la communauté de Plombières agit par des motifs d'intérêt, sa conduite est encore plus répréhensible.

» Cette communauté est riche : ses habitants sont continuellement à la ville, y vendent leurs denrées et en rapportent un argent considérable. Velars, au contraire, est le pays le plus pauvre qui soit dans le département, et il n'y a que des rochers et des broussailles et de mauvaises terres à seigle qui ne suffisent pas, à beaucoup près, pour nourrir les habitants. Les seules ressources pour Velars sont les auberges qu'on a bâties par rapport aux personnes qui vont à Notre-Dame d'Etang. Ces auberges forment aujourd'hui un hameau (La Cude). Des ouvriers s'y sont établis, et les manouvriers du pays y sont employés la plus grande partie de l'année.

» Que l'on transporte ailleurs l'image de Notre-Dame de l'Etang, voilà peut-être 20 familles privées de leur état, de leur gain, de leur subsistance, et pourquoi ? Pour augmenter le bien-être des habitants de Plombières, réunir sur eux tous les avantages, et les enrichir aux dépens de leurs voisins.

» Ainsi, et sous quelque aspect que l'on considère les démarches de ses habitants, elles sont condamnables et aucune autorité ne peut les accueillir.

» Inutilement, ils diront que l'église de Velars est trop petite, tandis que celle de Plombières est plus vaste et plus commode ; qu'elle est plus à la proximité de Dijon et que d'ailleurs Plombières étant l'église principale et Velars seulement succursale, c'est la première qui doit avoir à tous égards la préférence. On leur répondra comme on a déjà répondu par une requête donnée à MM. du district que si l'église de Plombières est plus spacieuse, les habitants sont plus nombreux, qu'à peine peut-elle les contenir et que tout considéré, il y a plus de place à Velars à cause de la petite quantité des paroissiens. Il y a plus, et s'il faut un agrandissement, qui empêchera les habitants de le faire, en ajoutant à leur église une chapelle qu'ils construiront et entretiendront à leurs frais ?

» On leur répondra qu'à l'égard de la proximité de Dijon, on a l'expérience que Notre-Dame de l'Etang quoique éloignée, quoique sur le sommet de la haute montagne, n'en a pas moins été fréquentée jusqu'à présent.

» On ajoutera que l'endroit où Elle a été trouvée subsistant toujours, et Velars étant au pied de la montagne, il entretiendra la dévotion et sera encore souvent visité, la vue seule de ce lieu excite depuis la route la piété des voyageurs et tout ce dont on est témoin à chaque instant.

» Enfin, en ce qui concerne la qualité des églises, on observera que dans l'origine Velars était la cure et Plombières l'annexe, et que si le curé demeure dans ce dernier endroit, c'est pour sa commodité et son agrément ; mais annexe ou église principale, peu importe, Velars, par son éloignement de plus d'une lieue des autres églises aura toujours un desservant. Et dès qu'il en aura un, dès qu'il conservera son église, dès qu'il a une municipalité et qu'il forme une commune, et dès que cette commune a ses droits et ses biens particuliers, pourquoi priverait-on ce village d'un effet sacré qui lui appartient, qui a été trouvé sur son finage et qui y est révéré depuis plusieurs siècles, pourquoi l'enlèverait-on au possesseur pour le donner à des étrangers, tandis que l'on ne se permettrait point un pareil fait pour des choses temporelles et profanes ?

» Les habitants de Velars quoique pauvres, quoique peu nombreux, mais néanmoins partisans zélés de la révolution, ne peuvent s'imaginer qu'elle produira sur eux d'aussi tristes effets ; ils espèrent que les corps administratifs, ainsi que M. l'évêque calmeront leurs alarmes et leur rendront justice en ordonnant que l'image de Notre-Dame de l'Etang sera transférée à l'église de Velars ».

Signé : E. CONTET, F. RONDOT, DUMAY, DANGEVILLE, BOCHOT, LEFRANC, Louis PONSARD, BINGET, J. RONDOT.

N° 4.

DÉLIBÉRATION DU CONSEIL MUNICIPAL
(20 mai 1832)

Cette délibération du conseil municipal est trop à la gloire de cette administration et de tout le village pour que nous ne la rapportions pas ici.

Séance du 20 mai 1832. — Le conseil municipal observe... qu'un des principaux revenus de la fabrique était l'apport qui se faisait depuis un temps immémorial, le 2 juillet de chaque année, à l'honneur de la relique de Notre-Dame d'Etang, déposée à l'église de Velars, et qu'on portait processionnellement à la chapelle qui porte le nom de la relique, située sur le finage de Velars, ce qui attirait un grand concours d'étrangers, produisait des fonds pour la fabrique par les quêtes et dons, et faisait une des principales branches de commerce de la commune... que depuis l'interdiction des processions, la fabrique a perdu la plus grande partie des revenus... Le conseil arrête : qu'une demande serait faite au préfet pour obtenir de faire la procession le 2 juillet et de rétablir la fête en son état primitif. Le capitaine de la garde municipale veillera au maintien de l'ordre.

Ont signé : Pierre Décologne, maire ; Jean Gareau, adjoint ; Ponsard, Mortureux, Chauvenet, Lapostolet, François Rondot, Demartinécourt, Chary, Martenot, conseillers. — Registre municipal.

No 5.

PROGRAMME-TYPE

que M. l'abbé Javelle avait rédigé pour les fêtes
du 2 juillet 1863.

Ordre des cérémonies

Article premier. — 1º La marche de la procession sera ouverte par les paroisses de Corcelles et de Couchey ;

2º Après elles, viendront les jeunes personnes vêtues de blanc avec les bannières et les images de la Sainte Vierge ;

3º Le chœur de chant de la paroisse de Velars ;

4º Le suisse et les hommes ;

5º Le clergé au milieu duquel deux diacres en dalmatique porteront l'image de Notre-Dame d'Etang ;

6º La foule des pèlerins.

Art. 2. — Les vêpres auront lieu à 2 heures.

Pendant le chant des psaumes, on donnera à vénérer la très Sainte Vierge aux pèlerins qui n'auraient pu le faire le matin.

Art. 3. — Les personnes qui voudront se faire inscrire de la Confrérie de Notre-Dame d'Etang, se présenteront au secrétaire de ladite Confrérie pendant les vêpres. Il sera placé à l'entrée de l'église, aux fonts baptismaux.

Art. 4. — Les associés de la Confrérie de Notre-Dame d'Etang pourront verser leur offrande entre les mains du secrétaire ou la déposer dans le tronc destiné à cet usage.

Art. 5. — M. le curé de Velars prie instamment les parents ou connaissances de ceux des confrères qui meurent dans le courant de l'année, de vouloir bien lui en donner avis, afin qu'il puisse célébrer immédiatement, pour le repos de leur âme, les services prescrits par les statuts.

Art. 6. — L'église de Velars ayant été fixée par l'autorité épiscopale comme but du pèlerinage, il y a une indulgence plénière accordée à tous ceux qui la visiteront.

Bernard Javelle,
Curé de Velars.

N° 6.

PIEUSE FORMULE

POUR LA CONSÉCRATION DES ENFANTS

« Bienheureuse Vierge Marie, vous qui êtes la protectrice et le salut de tous les chrétiens et surtout des jeunes enfants; comme autrefois Joachim et Anne vos père et mère vous ont présentée au temple et vous ont consacrée au Seigneur, afin que vous lui apparteniez tout entière, je viens aujourd'hui, moi, votre serviteur, prêtre de la sainte Eglise, au nom du père et de la mère, dont je tiens ici la place, je viens, dis-je, vous offrir et vous consacrer cet enfant que vous voyez en ce moment couché à vos pieds. C'est afin que cette consécration le plaçant sous votre protection spéciale, vous le défendiez contre les attaques du démon, vous écartiez de lui les dangers, et vous le placiez à l'ombre de vos ailes.

» Pour montrer qu'il vous est dévoué, il portera pendant trois ans des vêtements des deux couleurs qui vous sont consacrées.

» Recevez donc, ô bonne Mère, sa mémoire, son intelligence, son âme. Recevez ses yeux, ses oreilles, sa bouche, son cœur, sa personne tout entière, afin que vous dirigiez toutes ses facultés selon votre bon plaisir, et que possédant les prémices de son enfance, vous l'attiriez, dans le cours de sa vie, à l'odeur du parfum de vos vertus.

» Tout ce qu'il est aujourd'hui, tout ce qu'il sera un jour, tout ce qu'il fera, tout ce qu'il possédera, je vous l'offre en ce moment et le remets entre vos mains, mais en retour, donnez-lui votre amour, la grâce de Dieu et votre protection.

» Ressouvenez-vous toujours, ô très douce Vierge, que cet enfant vous appartient, gardez-le, défendez-le, protégez-le comme votre bien et votre propriété et que Jésus-Christ votre Fils daigne aujourd'hui l'agréer par vos mains et lui donner l'embrassement de ses enfants bien-aimés. Ainsi soit-il. »

N° 7.

LETTRE DE Mgr RIVET
A M. LE CURÉ DE VELARS
(1873)

Dijon, le 2 mai 1873.

Mon cher Curé,

Je ne puis qu'approuver hautement le pieux désir que vous et M. l'archiprêtre de Saint-Bénigne soumettez si filialement à mon appréciation.

Oui, cherchons à raviver parmi nos populations la dévotion envers l'auguste et immaculée Vierge Marie, mère de notre adorable Sauveur.

L'histoire de notre Bourgogne nous montre quelle fut la vénération de nos pères pour ces sanctuaires autrefois si renommés de Notre-Dame de Bon-Espoir (Dijon), de Notre-Dame de la Levée (Auxonne), de Notre-Dame du Chemin (Serrigny), de Notre-Dame de Pitié (Volnay), de Notre-Dame de Beaune, de Notre-Dame de Semur, de Notre-Dame de Châtillon (Saint-Vorles), et en particulier et surtout de Notre-Dame d'Etang.

Aujourd'hui, hélas ! on a trop oublié ces traditions, non moins nationales que chrétiennes, et nos pieux fidèles eux-mêmes ont à peine gardé ces souvenirs si glorieux et si doux.

Mais les temps que nous traversons réveillent partout ces traditions catholiques, et notre foi appelle nos regards vers ces sanctuaires vénérés, où nos pères allaient avec tant de confiance et de succès solliciter le secours de Celle qu'on n'invoque jamais en vain.

Il est donc bien naturel que le pèlerinage de Notre-Dame d'Etang soit rétabli parmi nous, avec tout l'appareil qu'il mérite, et que nous l'accomplissions avec ensemble et avec amour, à l'exemple de saint François de Sales, de sainte Chantal, de Louis XIV, de Bossuet, du vénérable Olier, des évêques de Langres, de nos anciens ducs, de nos édiles dijonnais, de nos parlements et de tout ce qui fait la gloire de nos chères contrées.

Je suis trop heureux, mon cher curé, de favoriser ce projet, si éminemment chrétien.

Allons donc tous à Notre-Dame d'Etang prier pour que notre France bien-aimée se retrempe de plus en plus dans la foi de ses aïeux, et qu'elle retrouve, en même temps, la concorde, la paix et sa puissante gloire.

Allons demander pour la sainte Eglise, notre Mère, pour son chef vénéré, pour tant d'églises éprouvées, la fin de leurs cruelles tribulations.

Allons prier pour la conversion des pécheurs, pour la persévérance des justes, pour la paix et l'union entre les peuples chrétiens.

C'était la prière de nos pères, qu'elle soit aussi la nôtre; Dieu nous exaucera si Notre-Dame la fait avec nous.

J'autorise donc de grand cœur, mon cher curé, un solennel pèlerinage à Notre-Dame d'Etang, pour le 2 juillet prochain, fête de la Visitation de la très sainte Vierge, et je ferai tous mes efforts pour aller, en ce saint jour, présenter, moi-même, à notre si bonne Mère, les prières de mon clergé et de tout ce diocèse, dont depuis trente-cinq ans je suis, par la grâce de Dieu, le pasteur et le père.

Agréez, mon cher curé, avec tous mes vœux pour ce pieux pèlerinage, l'assurance de mes sentiments affectueux et dévoués en Notre-Seigneur Jésus-Christ.

† FRANÇOIS,
Evêque de Dijon.

N° 8.

LETTRE CIRCULAIRE

DE MONSEIGNEUR L'ÉVÊQUE DE DIJON AU CLERGÉ DE SON DIOCÈSE

(1873)

Très chers Messieurs,

Avons-nous besoin de recommander à votre piété le pèlerinage à Notre-Dame d'Etang, projeté pour le 2 juillet prochain?

Notre lettre à M. le curé de Velars que vous avez tous lue maintenant, vous a dit toute notre pensée à ce sujet. Vous en concluerez facilement qu'il nous serait bien agréable de vous y voir, aussi nombreux que possible, vous et vos bons paroissiens.

Quant à Nous personnellement, Nous interromprons notre visite pastorale pour apporter aux pieds de cette sainte image, avec l'hommage de notre vénération profonde, nos plus ferventes prières pour la sainte Eglise et son auguste chef, pour notre chère France et pour notre diocèse.

Agréez, Messieurs et bien chers collaborateurs, l'assurance de mes sentiments affectueux et dévoués en Notre-Seigneur Jésus-Christ.

Arnay-le-Duc, en cours de visite pastorale,
le 7 juin 1873.

† FRANÇOIS,
Evêque de Dijon.

N. B. — MM. les curés sont priés de lire au prône la lettre de Monseigneur l'Evêque à M. le curé de Velars, concernant le pèlerinage à Notre-Dame d'Etang.

N° 9.

SERMON DE M. BESSON [1]
(2 juillet 1873)

> *Unde hoc mihi ut veniat mater Domini mei ad me ?*
> Qui suis-je et qu'ai-je fait pour que la Mère de mon Dieu vienne me visiter. Luc, I.

Monseigneur (2),

« Ce fut le cri d'étonnement et d'admiration qui partit des lèvres d'Elisabeth, animées par le Saint-Esprit, à la vue de Marie qui lui rendait visite. Marie avait conçu et elle portait dans son sein le Fils de Dieu. Un rayon d'en haut pénétra l'âme d'Elisabeth et lui révéla la grandeur des personnages qui venaient de gravir la montagne et d'entrer dans sa maison. Elle salua du même coup Marie mère de Jésus et Jésus fils de Marie. Elle est le dernier prophète de l'ancienne loi ; elle est, dans la loi nouvelle, le premier évangéliste qui ait publié, le premier théologien qui ait formulé le dogme de la divinité de Jésus-Christ et de la maternité de Marie : « Qui suis-je et » qu'ai-je fait pour que la Mère de mon Dieu » vienne me visiter. *Unde hoc mihi ut veniat* » *mater Domini mei ad me ?* »

---

(1) Mort évêque de Nîmes.
(2) Mgr Rivet, évêque de Dijon

» Cette visite, ces paroles, toute cette scène évangélique trouvent dans la fête de ce jour une application solennelle. Voici les montagnes où Marie est venue portant Jésus dans ses bras comme Elle alla autrefois dans les montagnes de la Judée portant Jésus dans ses entrailles. Voici le peuple qui s'étonne, qui admire et qui s'écrie, comme autrefois Elisabeth à l'aspect de la Sainte Vierge : « D'où me vient tant d'honneur et de » joie, et pourquoi la Mère de mon Dieu dai- » gne-t-elle me rendre visite ? »

» Marie est venue dans vos montagnes, et vous venez saluer Marie. Ces deux faits sont incontestables, et c'est le second qui atteste et qui confirme le premier. Essayons de rappeler toute cette tradition, après votre pasteur dont l'érudition égale le zèle, et qui a composé sur Notre-Dame d'Etang un livre si plein d'intérêt. Mais l'histoire de Notre-Dame d'Etang n'est pas finie, et vous y ajoutez aujourd'hui une page plus belle encore que toutes les précédentes. C'est aujourd'hui plus que jamais que vous allez comprendre et reconnaître la visite de Marie dans vos montagnes ; aujourd'hui plus que jamais que venant après toutes les illustrations des derniers siècles, pèlerins de cette année de grâce, vous venez voir, bénir, invoquer Marie comme la Mère de votre Dieu: *Unde hoc mihi ut veniat mater Domini mei ad me ?*

I.

» Marie est venue dans vos montagnes, tenant son fils dans ses bras et appuyé sur son sein. La vénérable image qui la représente appartient à l'antiquité la plus reculée par son style et par ses couleurs, mais c'est au commencement des temps modernes, le 2 juillet 1435, qu'elle se découvre aux yeux par un prodige, et qu'elle commence à prouver sa puissance par ses miracles. C'était le siècle des grandes découvertes et des grandes inventions; c'était l'année même où l'imprimerie allait changer la face du monde. Eh bien ! je n'hésite pas à déclarer que la découverte de Notre-Dame d'Etang fut pour cette contrée un bienfait mille fois plus précieux que l'invention de l'imprimerie ; car elle n'a servi qu'à l'honneur de Dieu, de Jésus-Christ et de l'Eglise, elle n'a tourné qu'au profit de votre province et de l'humanité.

» Marie est venue dans ces lieux, un siècle avant la Réforme, pour veiller sur le trésor de votre foi et affermir vos ancêtres dans le respect, l'amour et la pratique du catholicisme. Partout où elle avait renouvelé, par des miracles, la dévotion de ses enfants, l'hérésie les a trouvés fermes et intraitables. Or, il entrait dans les desseins de Dieu de rattacher la Bourgogne à la France dès la fin du quinzième siècle, pour se faire de cette province une sentinelle avancée contre l'hérésie. C'est pour cela qu'il a envoyé sa Mère se préparer un modeste asile, signaler sa puissance par des faveurs de tout genre, devenir également chère à la ville et aux campagnes et maintenir tout le pays dans l'unité catholique. Notre-Dame d'Etang a une chapelle à la montagne; mais l'église de Saint-Bénigne lui en bâtit une autre, et la supplie d'y venir faire quelque séjour. Au plus fort des guerres de religion, quand le Languedoc succombe, quand l'Aunis, la Saintonge et le Poitou donnent à l'erreur protestante des gages éclatants, quand Paris, Bourges, Orléans, toutes les villes de renom se sont laissées infecter par le venin de l'hérésie, Dijon garde presque seul une assiette tranquille. Le président Brulart déclare, au nom des Etats, que la Bourgogne doit être provoquée et aiguillonnée entre toutes les autres pour le salut de la religion, parce que c'est d'elle qu'est sortie sainte Clotilde, et par sainte Clotilde, le salut et la conversion de la France. Sur ce discours, on jure de vivre et de mourir pour la foi catholique. Notre-Dame d'Etang est invoquée par tout le peuple; elle vient, elle entre à Dijon comme une reine triomphante! On se rassure en la voyant, on se félicite à ses pieds de la délivrance du duc de Guise; on demande à Dieu la conversion du roi de Navarre, par l'intercession de Notre-Dame d'Etang; on l'obtient à force de prières, et ce n'est qu'après avoir vu Henri IV professer la foi de saint Louis, la paix établie, le bienfait de la vraie religion assuré à tout le monde par l'exemple du prince, que Dijon ramène processionnellement la sainte image dans le sanctuaire de la montagne.

» Marie a continué d'habiter au milieu de vous pour vous protéger contre la guerre comme Elle vous avait protégés contre l'hérésie. C'était au commencement de l'automne de 1636, dans la dernière période de cette lutte fameuse où la politique de Richelieu triompha, après trente ans, de l'orgueil de la maison d'Autriche et assura à la France la prépondérance dans les affaires. Quatre-vingt mille ennemis s'étaient répandus dans la plaine sous le commandement de Galas, l'incendie promenait partout ses ravages, Saint-Jean-de-Losne était bloqué, Dijon était sans défense et sans ressources, tout semblait perdu. Non, il vous reste Notre-Dame d'Etang, et le courage se ranime. La sainte image est apportée à Dijon, Elle veille presque seule au salut de la place; Elle veille, c'est assez. Ce que les hommes ne sauraient faire, les éléments le font au signal de Marie. Le Doubs se déborde, la Saône promène dans toute la plaine ses eaux vengeresses, l'ennemi se retire, il faut fuir: Dieu le veut, Notre-Dame d'Etang le demande.

» Aussi propice dans la guerre civile que dans

la guerre étrangère, Elle obtiendra encore une fois la délivrance de Dijon. Elle viendra pendant les troubles de la Fronde qui désolent la cité. Elle fera capituler le château, où une minorité turbulente et factieuse menace de livrer Dijon au pillage. Elle rendra la paix aux citoyens, les factions s'apaisent, les haines s'oublient, et il n'y a plus qu'un vainqueur : ce vainqueur, c'est Notre-Dame d'Etang; il n'y a plus qu'un triomphe, c'est la pompe de la procession générale qui la ramène à la montagne, avec les acclamations de la reconnaissance publique.

» Marie continua d'habiter parmi vous, c'est pourquoi la peste et la famine ne tiendront pas plus devant elle que la guerre et l'hérésie. Quand au commencement du dix-septième siècle une cruelle maladie sévit en Bourgogne et que les secours de l'art sont reconnus impuissants, à qui recourt la cité pour mettre fin aux ravages du fléau ? à Notre-Dame d'Etang. Quand le ciel est sans chaleur ou sans rosée, quand les espérances du laboureur semblent trahies et que celles du vigneron commencent à fléchir, à qui le Conseil de la cité demande-t-il, selon le besoin, ou la pluie ou le soleil ? encore à Notre-Dame d'Etang. La jeune fille éperdue tremble pour son innocence et la mère pour la santé de sa fille, à qui s'adresse l'innocence éplorée ou la maternité au désespoir ? toujours à Notre-Dame d'Etang. Faut-il des miracles pour rendre la vue aux aveugles, l'ouïe aux sourds, aux paralytiques l'usage de leurs membres? Notre-Dame d'Etang demande et obtient que les aveugles voient, que les sourds entendent et que les boiteux marchent. Vos archives l'attestent, vos historiens le disent, toute la province le proclame, Notre-Dame d'Etang est toujours là. Marie est venue sur la montagne, Elle continue d'y habiter, Elle continue de faire sentir son pouvoir au monde par des bienfaits, Elle a fait chez vous élection de domicile et la Révolution ne l'en chassera pas.

» Que dis-je, c'est vous qui l'y avez retenue et je vous en félicite, avec l'histoire, au nom de toute la province. La Révolution a détruit l'église des Minimes, dispersé les ex-voto, foulé aux pieds les béquilles dont les boiteux guéris avaient formé une auréole autour de la tête de Marie, mis aux enchères ces tableaux, ces riches broderies, ces robes de prix, monuments d'une piété trois fois séculaire ; mais quand il s'agit de la statue miraculeuse, on en sent la valeur et on s'en dispute la possession. Ailleurs on brise les saintes images, ailleurs on les cache, ailleurs on les profane, mais ici, deux paroisses voisines font valoir leurs droits à retenir chacune chez elle Notre-Dame d'Etang : Plombières et Velars écrivent, plaident, discutent avec chaleur. Velars l'emporte, Velars garde la sainte image et l'expose sur les autels en pleine Révolution, en pleine Terreur, aux hommages de toute la contrée. O prodige ! Jésus n'a plus d'autel et Marie conserve le sien. Je me trompe : Marie demeure assise sur la montagne, son fils dans ses bras, les yeux tournés vers les temples qui se ferment. Elle y demeura dix ans, attendant que la Bourgogne, sa fille chérie, revînt à elle et à l'Eglise, mais recevant pour Jésus les hommages secrets de toute la province et lui montrant ceux qui, en passant au pied de la montagne, la saluaient encore du cœur, du regard et de la main. Quand une province a un tel pèlerinage et de tels souvenirs, Jésus n'en est point exilé, Jésus garde, sur cette montagne, un autel que les bras des tyrans ne renverseront jamais, cet autel durera autant que la nature et autant que le monde. Marie est toujours là.

» Si j'en pouvais douter, ce siècle en offrirait la preuve. La confrérie se restaure, l'église de Velars se rebâtit avec une élégance et une richesse digne de la souveraine qui l'habite, les lieux sanctifiés par la présence de Marie sont signalés aux générations nouvelles. Les évêques de Dijon confirment au pèlerinage toutes les grâces accordées par les évêques de Langres ; Pie IX ajoute encore aux indulgences d'Urbain VIII ; il n'y a point d'année où quelque trait de foi ne vienne réveiller le long de ces pentes abruptes la poussière de vos ancêtres, point de jour où Marie ne vous fasse sentir sa bonté, point de cœur vraiment chrétien qui ne le reconnaisse, ne le dise et ne le proclame : Marie est toujours là !

II.

» Voilà le sanctuaire, voici les pèlerins. L'abbé de Saint-Bénigne ouvre la marche et fonde une communauté de Minimes pour desservir Notre-Dame d'Etang. Les évêques s'y rendent pour appeler, dès le début, sur leur ministère, l'abondance et la plénitude des miséricordes éternelles. Le Conseil de ville de Dijon s'y est fait cent fois l'interprète de la reconnaissance de la cité. Le Parlement y a prié par la voix si haute et si noble de ces vieux magistrats qui font tant d'honneur à la Bourgogne, et les Etats y ont apporté des présents royaux, tels qu'il convient à la munificence d'une grande province de les déposer sur les autels.

» Les pèlerins viendront ici de plus loin et de plus haut encore. C'est Condé, qu'on peut appeler le tapissier de Notre-Dame d'Etang, au même titre qu'on a appelé Luxembourg le tapissier de Notre-Dame de Paris. Condé a tapissé ce sanctuaire avec les drapeaux de Rocroy, de Fribourg, de Nordlingue et de Lens, et je ne m'étonne pas que Louis XIV ait grandi à l'ombre de ces lauriers, puisque le regard de Notre-Dame d'Etang s'était arrêté sur eux. Mais Louis XIV est né du vœu d'Anne d'Autriche à

Notre-Dame d'Etang ; Louis XIV a gravi en personne ces pentes abruptes ; et quand il entreprend pour la seconde fois la conquête de la Franche-Comté, c'est ici qu'il fait bénir ses espérances et ses armes. Le 20 mai 1674, pendant qu'il achevait le rude siège de Besançon, la reine, le dauphin, les ministres, les principaux évêques du royaume accomplissaient à son intention le pèlerinage de ces saintes montagnes, et méritaient pour le jeune et fier monarque le compliment que notre archevêque Antoine-Pierre de Grammont lui faisait au seuil de sa cathédrale : « Pendant que nous succom-
» bions sous l'effort de vos armes, nous admi-
» rions vos vertus. Maintenant, nous allons
» rendre grâces à Dieu de ce que, s'il nous a
» destinés à vivre sous le sceptre de votre
» majesté, il nous a donnés au plus grand des
» rois. » Et moi, pèlerin inconnu de cette province voisine et amie, me voici, après deux cents ans presque écoulés sous cette glorieuse domination, les yeux et les mains tournés vers Notre-Dame d'Etang, pour lui dire au nom de la Comté, qui ne me démentira pas : « Puisque
» c'est vous, ô Marie, qui nous avez donnés au
» plus grand des rois, faites que nous demeu-
» rions à la France, maintenant que la France
» est la plus éprouvée de toutes les nations.
» Gardez, ô Notre-Dame d'Etang, gardez toujours
» la Franche-Comté à la France ! »

» L'éloquence a fleuri sous le regard de Notre-Dame d'Etang. Témoin Bossuet qui, encore enfermé dans le sein de sa mère, a visité ce sanctuaire et dont la grande âme a commencé à remuer devant ces autels, comme celle de saint Jean-Baptiste avait remué et tressailli dans les entrailles de sainte Elisabeth, à la vue de Marie portant Jésus dans son sein. Ah ! je ne m'étonne plus qu'ainsi béni et consacré en quelque sorte avant sa naissance, Bossuet ait rempli de sa voix majestueuse les villes, les cours, tout le siècle, toute l'histoire, toute l'Eglise, et que cette voix, partie de ces lieux sanctifiés par tant de merveilles, domine encore la postérité tout entière.

» La sainteté a tressailli de joie et d'amour en montant le long de ces sentiers pleins de grâce. Témoin saint François de Sales qui, après avoir gravi les flancs de la montagne, déclare reconnaître aux mouvements de son cœur qu'il est dans la maison de sa mère et que sa mère sera inexcusable, si elle ne le soulage et ne lui donne secours (1). Témoin sainte Jeanne de Chantal qui a partagé avec saint François de Sales les fatigues, la consolation et la gloire de ce pèlerinage et qui est redescendue de la montagne en méditant avec lui l'établissement de la Visitation. O François, ô Chantal, ô saints qui avez été l'un

---

(1) *Histoire de sainte Chantal*, par M. l'abbé Bougaud.

et l'autre si français par la langue et par le cœur, non, je ne peux pas évoquer sans émotion votre souvenir dans ces lieux que vous avez connus et visités Regardez-les du haut du ciel, tout ce que vous méditiez ensemble a été établi, tout ce que vous avez établi fleurit encore, et la bénédiction obtenue ici par l'intercession de Notre-Dame d'Etang, repose encore en Savoie comme en Bourgogne, à Dijon comme à Paray, sur tous les cloîtres que vous avez fondés.

» Avec la gloire, l'éloquence, la sainteté, on a vu dans ces lieux le péché cesser, la maladie décroître, la douleur disparaître. Témoins, à défaut de noms, ces symboles de tous genres, ces pendants d'oreilles, ces cœurs d'or, d'argent ou de plomb, ces tableaux votifs, ces vases sacrés, ces étoffes précieuses, ces robes de brocard ou de velours, ces lampes entretenues devant le sanctuaire, ces champs et ces vignes légués à la Sainte Vierge avec l'impression d'une foi profonde, l'espérance d'une grâce à obtenir et le souvenir de quelque bienfait.

» Tels furent les pèlerins des siècles passés. Tels sont ceux du siècle présent, avec je ne sais quoi de plus détaché et de plus parfait encore. Vos magistrats ne vous amènent plus, en grande pompe, aux pieds de Notre-Dame d'Etang, mais vous y venez pour demander la foi, l'espérance, l'amour de Dieu, toutes les vertus qui sont nécessaires à la patrie et à la famille. C'est pour vos esprits que vous implorez les rayons du soleil de justice ; c'est pour vos cœurs desséchés que vous sentez le besoin de la rosée du ciel ; c'est aux passions, aux préjugés, au siècle qu'il faut résister dans la lutte à outrance engagée entre le ciel et l'enfer. L'ennemi qui vous menace, c'est le démon ; guerre au démon sous les auspices de Notre-Dame d'Etang !

» Ne doutez pas de la victoire, car il vous est permis d'engager le combat. Rappelez-vous ce que vous êtes et ce que vous avez fait pour que la Mère de Dieu vienne vous visiter. Ce que vous êtes ! vous êtes le peuple de saint Bénigne, et saint Bénigne a obtenu pour la Bourgogne cette statue miraculeuse, ce sanctuaire béni, ce pèlerinage national, voulant par là vous élever entre les nations les plus favorisées de la chrétienté, venir perpétuellement à votre secours, et vous faire goûter aux pieds de la Mère le nom, la loi et la grâce du Fils. Ce que vous êtes ! Ah ! vous êtes le peuple pour qui Clotilde prie particulièrement dans le ciel et pour qui elle a obtenu que ni le schisme, ni l'hérésie n'altèrent en vous la foi de Clovis et que vous demeuriez tous de fidèles clients de Jésus et de Marie dans le sein de l'Eglise catholique, apostolique et romaine. Ce que vous êtes ? Ah ! vous êtes une nation facile au péché, mais prompte au retour, vive, généreuse, dévouée, où l'imagination entend, où l'esprit devine, où le cœur se prend et se donne, où les missionnaires se forment et deviennent des martyrs. Voilà ce que vous êtes et voilà pourquoi il ne vous en coûte rien de venir saluer Marie. Au douzième siècle vos ancêtres étaient des croisés ; au dix-neuvième vous êtes des pèlerins. Les pèlerins sont les croisés de notre siècle. Pour être pèlerin comme pour être croisé, il faut de la foi, de l'honneur, du courage et parfois de l'audace. La sainte témérité sied au caractère bourguignon. Gloire aux pèlerins de la Bourgogne et gloire à Notre-Dame d'Etang !

» Qu'avez-vous fait pour que la Mère de votre Dieu vienne vous visiter ? Vous l'avez honorée et bénie dans les plus beaux siècles de notre histoire, vous l'avez sauvée dans les jours de la Révolution, vous l'acclamez comme votre patronne et votre mère, dans les jours d'épreuve que nous traversons : que faut-il de plus pour toucher le cœur d'une mère ? Les hommages de ses fils la trouvent toujours sensible. Plusieurs l'ont oubliée et méconnue ; une mère ne s'en étonne pas et elle se tient à la portée de l'enfant qui la maltraite pour lui accorder plus tôt son pardon. Pécheurs qui m'entendez, vous avez gardé ce caractère loyal, généreux, entraînant, qui signale les fils prodigues, mais jamais les fils ingrats. J'en atteste cette assemblée. Marie y voit peut-être des prodigues, elle n'y trouve pas un ingrat ! Gloire aux pèlerins de la Bourgogne ! gloire à Notre-Dame d'Etang !

» Comme elle était faite pour refleurir dans les jours si inattendus des nouveaux pèlerinages français, votre montagne où les traditions sont encore si vives et où tant de pèlerins illustres ont laissé l'empreinte de leur nom et de leur grandeur ! Votre évêque a fait un signe et tout le diocèse accourt aux pieds de Notre-Dame d'Etang. Vous voilà plus nombreux et plus pressés que ne furent vos ancêtres autour de saint Bernard. Quel mouvement ! quel réveil ! quelle espérance pour l'avenir ! Ce mouvement n'a été ni commandé, ni préparé, ni attendu. Un mot a suffi, mais un de ces mots que l'Esprit-Saint prend quelquefois sur les lèvres d'un évêque et qui font en quelques heures le tour d'une province : « Je » serai au pèlerinage de Notre-Dame d'Etang, » venez prier avec moi. » Ils viennent, ils prient, ils s'humilient, ils apportent à leur premier pasteur des consolations inespérées. Que d'évêques ont semé des larmes et n'ont pas moissonné dans la joie ! Mais vous, Monseigneur, après les laborieuses semailles d'un épiscopat qui dure depuis trente-cinq ans, quelles gerbes d'allégresse et de joie ! Hier, je félicitais le nouvel évêque d'Autun d'inaugurer par les pèlerinages de Paray l'histoire de son administration, et voilà qu'aujourd'hui, à l'autre extrémité de la Bourgogne, le même spectacle éclate autour d'un saint et courageux athlète de Jésus-Christ ; dix-huit mille pèlerins forment autour de ses cheveux blancs la plus belle couronne que sa paternité ait pu jamais rêver. Gloire aux pèlerins de la Bourgogne ! gloire à Notre-Dame d'Etang !

» O Marie ! c'est d'ici que nos yeux s'élèvent, avec l'expression de la foi la plus complète, de l'Eglise de Dijon vers l'Eglise mère et maîtresse, du siège de saint Bénigne au siège de saint Pierre. Soyez propice à Pie IX et faites sentir au monde par de nouveaux bienfaits l'infaillibilité de sa sagesse. Secourez-le, délivrez-le, glorifiez-le, achevez d'humilier les ennemis de la sainte Eglise, pour achever de les convertir et de les sauver. Soyez propice à la France qui vous implore comme sa mère et sa patronne ; à ce clergé qui vous honore comme son modèle ; à ce séminaire de Plombières qui croît et qui fleurit à vos pieds pour votre plus grande gloire et pour le recrutement du sanctuaire ; à cette noble cité de Dijon dont vous avez été proclamée tant de fois la libératrice ; à toute cette province qui vous est si chère et que vous avez gardée tout entière dans l'héritage de la véritable Eglise. Nous sortons de ce pèlerinage de Paray où cent mille voix chantent depuis un mois le cœur de votre Fils. S'il reste encore quelques rebelles, nous nous retournerons pour obtenir leur grâce vers le cœur de la Mère. Cœur sacré de Jésus, ayez pitié de nous ! Cœur immaculé de Marie, priez pour nous ! Sauvez-nous, ô Notre-Dame d'Etang, en jetant Rome et la France dans les bras de Jésus.

Sauvez-nous, ô Jésus, en nous ouvrant votre cœur. Des bras de la Mère au cœur du Fils il n'y a qu'un mouvement. Du cœur du Fils au paradis il n'y a que la mort à attendre, mais il n'y a plus même un pas à faire. Ce cœur, ici-bas c'est l'asile, au ciel c'est le temple. Ici-bas c'est la grâce, au ciel c'est la gloire. Ce cœur, c'est Jésus avec Marie, ici-bas comme au ciel, nous ouvrant leurs bras pour ne faire qu'une seule vie, un seul battement, un seul amour ! Ainsi soit-il ! »

N° 10.

LETTRE CIRCULAIRE

DE MONSEIGNEUR L'ÉVÊQUE DE DIJON AU CLERGÉ DE SON DIOCÈSE

(1874)

Très chers Messieurs,

Nous aimons à vous rappeler et à recommander à votre piété le pèlerinage à Notre-Dame d'Etang.

L'année dernière, la publication de notre lettre à M. le curé de Velars vous a mis à même de connaître toute notre pensée à ce sujet.

Vous ne sauriez donc douter de la paternelle satisfaction que Nous éprouverions en vous voyant aussi nombreux que possible, vous et vos bons paroissiens, à cette fête de famille qui nous peut dédommager si amplement de nous trouver empêchés, pour la plupart, d'aller visiter les sanctuaires vénérés de Paray, Issoudun, Chartres, Lourdes et la Salette.

Nous espérons bien pouvoir, encore cette année, aller porter à notre si bonne Mère l'hommage personnel de notre amour, et l'implorer avec vous pour l'Eglise et son auguste chef, pour notre chère France et pour notre diocèse en particulier.

Agréez, Messieurs et bien chers collaborateurs, l'assurance de mes sentiments affectueux et dévoués en Notre-Seigneur Jésus-Christ.

Thostes, en cours de visite pastorale,
le 14 juin 1874, fête de l'Ascension de Notre-Seigneur.

† FRANÇOIS,
Evêque de Dijon.

N° 11.

LETTRE PASTORALE

DE MONSEIGNEUR L'ÉVÊQUE DE DIJON AU CLERGÉ
ET AUX FIDÈLES DE SON DIOCÈSE

à l'occasion de l'inauguration de la chapelle
de Notre-Dame d'Etang.

Nos très chers Frères,

L'an de grâce 1435, le 2 juillet, en la fête de la Visitation-Sainte-Marie, le petit village de Velars, si paisible d'ordinaire dans le berceau de collines où il repose à l'ombre des grands peupliers que l'Ouche égaie du frais murmure de ses eaux, se trouvait par aventure le théâtre d'une extraordinaire animation. Les paysans s'abordaient dans la rue, se disaient la nouvelle, se racontaient l'événement du jour.

Une bonne Vierge, assurait-on, avait été découverte là-haut, au sommet de la montagne d'Etang, dans des circonstances absolument merveilleuses. Un bœuf, depuis quelque temps, gravissait le flanc du mont jusqu'à la cime ; parvenu là, il paissait à genoux une touffe d'herbe qu'il retrouvait le lendemain plus épaisse et plus belle. Le pâtre s'en est étonné, il a parlé du fait à ses compagnons ; ce matin même, ils sont allés plusieurs au lieu du prodige, et tous l'ont vu se réaliser sous leurs yeux. L'inspiration leur est venue de creuser le sol, et à quelques pieds en terre, leur pioche a heurté une statuette de Notre-Dame. Ils l'ont descendue au pays, en triomphe, au chant des cantiques, au son de leurs rustiques chalumeaux et l'ont déposée chez le maître-boucher à qui le bœuf appartient.

Telle est la rumeur qui circule et se répand bien vite aux quatre extrémités du village. Elle excite partout le même mouvement de surprise et d'impatiente curiosité. « Allons voir, se disaient entre eux les habitants de Velars, comme autrefois les pasteurs de Bethléem ; allons et voyons si ce qu'on nous rapporte est vrai : *Transeamus et videamus hoc verbum* (1). » Ils accoururent en toute hâte à la demeure du maître-boucher qui leur montre, en effet, une petite statue, une madone assise, tenant sur ses genoux l'Enfant-Jésus qu'elle présente à l'adoration des hommes. Les pâtres sont là, qui, pour la vingtième fois, répètent dans ses menus détails le récit du miracle dont ils ont été les témoins. Leur langage est si convaincu, si persuasif et si franc, il est empreint d'un accent de sincérité tel que le peuple ajoute foi à leurs affirmations et vénère avec eux l'image deux fois sainte, reçue par lui comme un présent du ciel.

Dieu, du reste, si l'on en croit la tradition, ne

---

(1) Luc, II, 15.

tarda pas à montrer, par des signes authentiques et probants, que la confiance de ces âmes simples ne s'égarait point. Un enfant de douze ans, aveugle de naissance, est amené de la paroisse d'Urcy devant la statue de la bonne Mère qui, soudain, le guérit de son infirmité. Plusieurs malades, venus au même endroit, sont également rendus à la santé. Comment douter, après cela, de la loyauté des pâtres et de la vérité de leurs dires ?

Aussi personne n'en douta, et la Vierge miraculeuse fut, à partir de ce moment, environnée d'hommages et d'honneurs. Le fait fut bientôt connu dans toute la contrée, et des divers points de la Bourgogne, les pèlerins accoururent à Velars pour invoquer Celle qui devait désormais porter le nom de *Notre-Dame d'Etang*.

Cette dévotion populaire ne se ralentit point dans le cours des siècles ; elle ne subit pas d'éclipse, même aux plus mauvais jours de la Révolution.

Notre-Seigneur, de son côté, se plut à récompenser la constance des serviteurs de sa Mère, en accueillant toujours les supplications qu'on lui adressait par son intermédiaire avec une particulière ferveur. Dans les nécessités publiques, lorsque le pays de Bourgogne était menacé des horreurs de la guerre civile ou étrangère, du fléau de la sécheresse ou de la contagion de la peste, le Parlement de Dijon s'adressait à Notre-Dame d'Etang, plein de confiance en sa maternelle tendresse, il ordonnait des processions et des prières solennelles pour toucher le cœur de la Vierge clémente, et la tradition prétend que ce ne fut jamais en vain.

Si nous descendons des bienfaits généraux aux grâces individuelles obtenues par cette même intercession, combien de faits merveilleux sollicitent notre reconnaissance et notre pieux enthousiasme ! A la vérité, l'histoire locale a consigné dans ses pages un nombre considérable de guérisons dont la madone fut, après Dieu, l'agent invisible et tout-puissant ; mais que d'autres prodiges sont tombés dans l'oubli ! C'est pourquoi la Vierge de Velars peut répéter l'action de grâces par laquelle l'humble Vierge de Nazareth répondait aux félicitations de sa sainte parente : « Le ciel a fait en moi de grandes choses... Par moi le Seigneur a déployé la force de son bras : *Fecit mihi magna qui potens est... fecit potentiam in brachio suo* (1). »

Voilà, Frères bien-aimés, brièvement retracé, le glorieux passé de Notre-Dame d'Etang. Pour peindre le présent, nous n'aurions besoin ni de changer de langage ni de modifier nos couleurs, car, Dieu merci, la dévotion des populations n'a rien perdu de son antique ferveur, d'une part, et de l'autre, Marie ne nous a rien retiré de son bienveillant patronage.

---

(1) Cant. *Magnificat*, ⅴ. 4, 6.

Et de fait la Sainte Vierge est toujours restée la douce Providence et la protectrice aimante de ce pays. Je n'en veux pour preuve que les ex-voto dont la reconnaissance a, jusque dans ces dernières années, décoré son sanctuaire : plaques de marbre et cœurs d'or, symboles très imparfaits de l'éternelle et très affectueuse gratitude des protégés de Marie, mais aussi témoignages impérissables de sa persévérante bonté.

Son culte, il est juste de le reconnaître, a conservé parmi nous son primitif éclat. Chaque année, le 2 juillet, les échos de la vallée retentissent de joyeux refrains que les fidèles chantent en son honneur; à pareille date, chaque année, la montagne voit une longue file de pèlerins gravir ses flancs escarpés, sans souci des fatigues d'une ascension laborieuse et des ardeurs d'un brûlant soleil d'été. Que dis-je? Il y a plus, et nous pouvons affirmer que, dans un certain sens, la génération présente l'emporte sur ses devancières. Elle a construit, en effet, non plus à mi-côte, comme au seizième siècle, mais à l'endroit même de la merveilleuse découverte, c'est-à-dire au sommet de la montagne, à 280 mètres au-dessus du vallon, malgré les difficultés d'une semblable entreprise, une chapelle digne de la Reine à laquelle elle est dédiée, et sur cette chapelle, comme sur un trône de gloire, elle a voulu placer une statue magnifique de la Vierge qui domine les coteaux d'alentour, et, de cette hauteur, étend au loin son regard vigilant et sa main toujours prête à bénir.

Ce travail fut commencé, Nos très chers frères, il y a dix-neuf ans. Le 2 juillet 1877, vous ne l'avez certainement pas oublié, votre vieil évêque, Mgr Rivet, de regrettée mémoire, en bénissait la première pierre. A dater de ce jour, le prêtre zélé qui avait résolu de dépenser ses forces à la réalisation de cette œuvre, dût-il y laisser la vie, y consacra ses forces et en poursuivit l'achèvement avec une activité patiente que n'ont pu vaincre ni les obstacles ni les lenteurs, bien capables pourtant de fatiguer une volonté moins tenace que la sienne. Et voici qu'aujourd'hui nous avons la joie de voir enfin ses courageux efforts couronnés de succès. L'heure a donc sonné de chanter avec lui l'hymne de l'allégresse, et le moment est venu de consacrer solennellement au Sauveur le monument édifié en l'honneur de sa Mère.

Il convient, n'est-ce pas ? de donner à l'expression de notre reconnaissance et de notre bonheur un éclat inaccoutumé. Le diocèse tout entier, vous ne l'ignorez pas, est placé sous la garde de Notre-Dame d'Etang, depuis la journée mémorable du 15 juin 1862 où Mgr Rivet, à genoux devant la miraculeuse image, confia à la sollicitude de la Reine du ciel et de la terre sa personne, ses prêtres et tout son peuple. Aussi regardons-nous comme un devoir de vous communiquer à tous l'heureuse nouvelle de l'*inauguration* de la chapelle et de vous convier aux fêtes que nous avons résolu de célébrer à cette occasion.

Pour permettre à un plus grand nombre de nos chers diocésains d'y prendre part, et tout spécialement aux habitants de notre ville épiscopale, nous avons cru bon de renouer les anciennes traditions. Jadis, avant la tourmente révolutionnaire, Notre-Dame d'Etang possédait sa chapelle dans notre église cathédrale, et chaque fois que notre province avait besoin de grâces *spéciales* ou voulait conjurer quelque fléau, le clergé de Dijon, le Parlement, les échevins allaient à Velars chercher l'image sainte et la conservaient au milieu d'eux durant un temps plus ou moins long. Cette année, nous avons à cœur de faire revivre dans la mesure du possible cette antique coutume, et dans ce but, nous avons décidé d'ouvrir les fêtes de l'*inauguration* par un triduum au cours duquel la statue quatre fois séculaire, apportée dans les murs de notre cité, sera exposée et offerte à la vénération publique à Saint-Bénigne, le 29 juin, à Notre-Dame, le 30 juin, à Saint-Michel, le 1er juillet.

Le 2 juillet, enfin, date du pèlerinage annuel, aura lieu la bénédiction du monument, à laquelle nous présiderons nous-même, ainsi qu'à tout le reste de cette touchante solennité. Vous en suivrez les détails avec recueillement, votre foi nous en est sûr garant, Nos très chers Frères, et nous connaissons assez la piété de nos bien-aimés diocésains à l'égard de la très Sainte Vierge pour espérer que la procession d'usage revêtira, en cette circonstance, le caractère d'une imposante manifestation religieuse. Aussi, est-ce avec confiance que nous vous adressons l'appel du prophète : « *Venite, ascendamus in montem Domini* (1). » « Venez et montons ensemble à la montagne du Seigneur, à ce lieu béni où il plut à sa miséricordieuse bonté de glorifier sa Mère. »

Ensemble nous la prierons, cette Vierge admirable, de répandre sur nous les trésors de son inépuisable tendresse ; ensemble nous la chanterons ; ensemble nous la supplierons d'intercéder en notre faveur, de prendre pitié de nos faiblesses, et d'être pour nous auprès du Très-Haut ce médiateur écouté que réclame l'Apôtre, « saint, innocent, immaculé, sans compromission avec les pécheurs et n'ayant pas, comme les prêtres ordinaires, à se préoccuper d'abord de ses propres iniquités (2) ». Nous lui demanderons avec vous de vous protéger dans vos personnes, dans vos familles, dans les êtres que vous aimez, dans vos intérêts et dans vos biens.

Vous daignerez en retour, lui demander avec nous de guider et de soutenir celui que Dieu

---

(1) Mich., IV, 2.
(2) Hebr., VII, 26, 27.

vous a donné pour premier pasteur, et de bénir avec une particulière effusion notre dixième année de ministère épiscopal qui appartient, à titre de dîme, plus spécialement au Seigneur.

Nous le savons, ô Marie, vous êtes bonne et propice à ceux qui vous implorent ; vous êtes indulgente et vous ne demeurez pas plus insensible à nos louanges qu'à nos douleurs. Durant vingt ans vous fûtes pour nous l'*Etoile de la mer;* vous nous avez préservé des périls et votre main nous a guidé toujours sûrement au milieu des écueils. « Durant tout le reste de notre épiscopat, vous dirons-nous en empruntant les paroles émues d'un grand pontife (1), continuez-nous, ô Marie, vos bontés de Mère. Vous ne serez pleinement notre mère, qu'autant que vous vous montrerez la mère de tout ce troupeau, de tous ces enfants que vous nous avez donnés.

» Accordez-nous donc à tous, au pasteur et aux brebis, à l'évêque et au peuple, de continuer notre chemin ici-bas sans péché, et d'opérer les œuvres de la justice, afin qu'après avoir habité sous la tente du Seigneur durant les jours de notre pèlerinage mortel, nous nous reposions éternellement avec Lui et avec Vous sur la montagne sainte. »

Et sera la présente lettre pastorale lue dans toutes les églises et chapelles du diocèse où se

---

(1) Cardinal Pie, évêque de Poitiers.

fait l'office public, le dimanche qui en suivra la réception.

Donné à Dijon, sous notre seing, le sceau de nos armes et le contre-seing de notre secrétaire général, le 13 juin 1896.

† F. Henri,
évêque de Dijon.

Marigny,
*chanoine honoraire,
secrétaire général de l'Evêché.*

N° 12.

ÉLOGE FUNÈBRE DE M. JAVELLE

Par M. BIZOUARD,
Curé-archiprêtre de Saint-Bénigne de Dijon.

« *Cave ne obliviscaris :* Gardez-vous de l'oublier.

» Qu'est-il besoin de monter en cette chaire et de vous adresser la parole? La douleur qui étreint vos cœurs, le regret dont votre âme est remplie, les larmes qui montent à vos yeux en contemplant cette dépouille mortelle inanimée : tout cela n'est-il pas plus éloquent que les discours pour vous dire combien vous l'aimiez et quelle est l'étendue de la perte que nous avons faite?

» Ah! pleurez! Vous avez le droit et votre pasteur le mérite. Mais, laissez-moi, m'acquittant de ma charge, vous dire : ne l'oubliez pas. Gardez avec soin sa mémoire, soyez fidèles à son souvenir. Soyez surtout dociles à ses enseignements: rappelez-vous ses exemples et suivez ses leçons. Imitez-le jusque dans sa mort sereine, calme, consolée.

» Afin d'en dégager des fruits précieux pour vos âmes, jetons un coup d'œil rapide sur sa vie.

» Bernard Javelle naquit à Messigny le 28 novembre 1832. Dieu l'avait marqué et en voulait faire son prêtre. La Vierge Marie l'avait choisi pour être le gardien de son sanctuaire de Notre-Dame d'Etang. C'est assez dire quelles grâces de choix ont dû être accordées à l'enfant. En voulez-vous une preuve ? Bernard Javelle tout jeune était malade. Sa mère l'amène au sanctuaire de Velars et la Vierge, par une faveur merveilleuse, guérit l'enfant qui devait être un jour l'heureux gardien de sa statue miraculeuse.

» Aux leçons du foyer vinrent s'ajouter l'éducation plus forte du petit séminaire et la formation sérieuse du grand. Dans ces deux maisons, Bernard Javelle fut un modèle de piété et de tendresse pour la Sainte Vierge et un sujet d'édification pour tous.

» Ainsi préparé, il fut, le 29 mai 1858, ordonné prêtre à Besançon des mains du cardinal Mathieu, Mgr Rivet étant malade.

» Un instant, M. l'abbé Javelle fut indécis et se demanda s'il entrerait dans le saint ministère. Le monde l'effrayait et il appréhendait les difficultés du ministère paroissial et la solitude de la vie de curé. Le cloître l'attirait et il pensait sérieusement à se faire religieux. Ayant consulté le curé d'Ars, celui-ci lui répondit qu'il ne serait pas religieux, mais curé. Ses hésitations étaient levées.

» Le 3 septembre 1858, il fut nommé vicaire à Seurre. Trois années durant, il demeure, dans cette ville, l'exemple d'une piété et d'un zèle ardents, et, après trente-cinq ans, le sillon qu'il avait tracé n'est pas encore effacé... Enfin, le 15 septembre 1861, il était mis en possession de la cure de Velars et devenait votre pasteur.

» Ce qu'il a été pendant trente-cinq années qu'il a passées parmi vous, je n'ai pas la prétention de vous l'apprendre. Vous le savez mieux que moi. Il a été prêtre, pasteur dévoué, serviteur intrépide de Marie.

» Prêtre... oui, il a été ce que chacun de nous, mes chers confrères, souhaite d'être : prêtre sans épithète, prêtre tout à fait, dans ses pensées, ses paroles et ses actes, prêtre partout, prêtre toujours, prêtre toute sa vie...

» A la base de sa vie sacerdotale, il avait placé la foi. Une foi pure, soumise à l'enseignement du pape, foi vivace, indéfectible, inébranlable; foi à son Dieu; foi à Jésus-Christ; foi à son sacerdoce. Il l'aimait, son sacerdoce... Il se croyait bien l'envoyé de Jésus-Christ... Il voulait que tout, dans sa vie, le rappela... Il en reproduisait les vertus avec toute la perfection possible.

» Comme Jésus-Christ, il était *humble*... Je n'en citerai qu'une preuve. Vous savez qu'il a demandé à être enterré dans votre cimetière, devant la grande croix, au milieu du chemin... Vous savez cela, mais ce que vous ne savez pas, c'est la raison de cette demande... C'est à l'amitié qu'il l'a confiée : il voulait être enterré là pour que sa tombe fût un passage et, comme tout passage, fût foulée aux pieds... Après avoir été l'instrument de Dieu, une fois l'instrument brisé par la mort, il estimait que sa dépouille n'était bonne qu'à être foulée aux pieds.

» N'était-il pas *doux* comme son maître ? Quelle bonne figure ! toujours souriante. Quelle belle âme !... On ne pouvait le voir que le sourire aux lèvres, l'affection dans le regard, une bonne parole à la bouche et les mains toujours tendues pour serrer affectueusement la vôtre... Pour tous, le curé de Velars n'était-il pas le type de la bienveillance, de la bonté, de la douceur ?

» Il aimait la *pauvreté*, donnait tout, se dépouillait sans cesse avec joie et se contentait de peu et même de très peu pour lui.

» Comme Jésus, il a porté *sa croix* et gravi le Calvaire. Sa croix, elle lui était venue de multiples sources. Je n'en retiendrai qu'une : sa maladie cruelle, douloureuse, qui, de *longues années*, le tortura, le broya, l'étreignit, le coucha par terre sans jamais l'abattre. Il se relevait et, toujours gai dans sa souffrance, allait là où le devoir l'appelait.

» *Son calvaire* ne l'a-t-il pas gravi le jour à jamais néfaste où, à 9 heures du soir, il était arrêté dans son presbytère et emmené à pied à Dijon pour y être jeté dans un cachot.

» Pourquoi ? Oh ! c'est qu'on l'avait accusé de trahison envers sa patrie ! Il l'avait vendue à l'ennemi ! Lui, traître ! Lui, si patriote ! qui priait tant pour cette chère patrie !

» Ce qu'il endura de souffrances pendant les longues heures de sa détention, avant que son innocence fût reconnue : souffrances de la calomnie, du froid, de la maladie, de la séparation de ses chers paroissiens, de la privation de tous secours religieux, nul ne saurait le dire, pas même celui qui y a passé.

» Mais, comme son Maître, dès la première heure, il ne voulut penser à ses douleurs et, dans la suite, il ne voulut s'en *souvenir* que pour avoir le droit *de pardonner*... Voilà comment l'abbé Javelle était prêtre.

» Il fut pasteur dévoué. Il aimait sa paroisse de Velars, elle fut sa première ; elle fut sa dernière, il n'a jamais voulu la quitter. Pour elle, il s'est dévoué, dépensé tout entier.

» Il aimait sa paroisse, c'est-à-dire *son église*. A son arrivée, le gros œuvre était construit. C'est lui qui l'achève, la fait bénir par Mgr Rivet, le

15 juin 1862, et qui ensuite l'orne et l'embellit. Avec quel cœur il travaillait à cette ornementation !... Avec quel amour il présidait à la magnifique décoration de la chapelle de Notre-Dame d'Etang !

» Il aimait sa paroisse, c'est-à-dire *vos familles*. Y en a-t-il une où il ne soit entré pour lui faire du bien ? Y a-t-il une misère qu'il n'ait soulagée, une larme qu'il n'ait essuyée ? Avez-vous éprouvé une peine, une épreuve qu'il n'ait été là pour vous consoler ? Avez-vous eu besoin d'un service qu'il ne se soit empressé de vous le rendre, ne calculant ni son temps, ni son labeur ?

» Il aimait sa paroisse, c'est-à-dire *vos enfants* qu'il soignait tout spécialement ; c'est-à-dire *vos malades* qu'il visitait très assidûment, qu'il consolait et auprès desquels il remplaçait la sœur de charité. Ah ! vous le saviez bien ; et, à la moindre approche de la maladie, au moindre accident, n'aviez-vous pas recours à lui ? Il s'y prêtait de bonne grâce, se faisant ainsi, à toute heure du jour et de la nuit, *tout à tous*.

» Il aimait sa paroisse, c'est-à-dire *vos âmes*. Vos âmes créées par Dieu, rachetées par Jésus-Christ, faites pour le ciel, il en répondait devant Dieu, et son ambition était de vous conduire tous à Jésus. Pour vous et dans ce but, ses prières, ses travaux, ses fatigues, ses sacrifices, ses efforts, son dévouement, son immolation :

son sang, comme il l'eût versé ! sa vie, comme il l'eût donnée volontiers pour vos âmes !

» Que dis-je, n'a-t-il pas dépensé pour vous, parcelle par parcelle, cette vie... n'est-ce pas pour vous qu'il a versé son sang goutte à goutte ? Oui, pour vous et pour la Vierge Marie.

» Car c'était de Marie le serviteur intrépide. Avec quelle joie, me semble-t-il, il dut venir à Velars être gardien de Notre-Dame d'Etang, lui qui avait été gratifié d'une faveur insigne de sa part ! Avec quelle ardeur il s'appliqua à encourager, développer le cher pèlerinage du 2 juillet ! Avec quelle énergie surtout poursuivait-il la construction de cette chapelle là-haut sur la montagne !

« Un monument ici, s'écriait Mgr Rivet, à cette
» hauteur presque inaccessible ; et, pour l'élever,
» un prêtre à la santé délabrée qui n'a pour pre-
» mières ressources que 800 francs de dettes...
» C'est téméraire... déraisonnable. C'est une
» folie !... Et cependant, ajoutait-il, c'est d'ordre
» divin, et je ne puis me refuser à bénir la pre-
» mière pierre. » Le monument avait été commencé le 1er juin 1876.

» A dater de ce jour et pendant vingt ans, M. Javelle poursuivit son œuvre, malgré les difficultés, les obstacles, les mécomptes, avec une ténacité admirable et une force d'âme rare aujourd'hui.

» D'où lui venait cette force ? De sa foi pro-

fonde et de sa confiance en Marie dont il comptait, à chaque instant, les marques de bienveillance.. au point qu'il a pu dire : « D'année en
» année, de mois en mois, de jour en jour,
» d'heure en heure, de minute en minute et,
» oserais-je dire, de seconde en seconde, les diffi-
» cultés qui ne cessaient de se présenter se trou-
» vaient presque instantanément résolues par
» l'intervention de la bonne Mère. »

» Et quand, le 2 juillet dernier, il faisait remise entre les mains de Monseigneur notre évêque du monument terminé et en demandait la bénédiction... quelle douce joie, quels saints tressaillements dans son âme? Quel chant d'action de grâces en son cœur !

» Et maintenant, Monseigneur, disait-il en ce
» même jour, ma mission est terminée, je n'ai
» plus qu'à entonner mon *Nunc dimittis* et à
» penser dans ma solitude à ma préparation aux
» années éternelles. »

» N'était-ce qu'une simple impression, un pres sentiment ?

» C'était plus que cela.

» Le curé d'Ars, au jour où il le consulta comme je l'ai dit, lui avait répondu : « Vous
» serez curé », et il avait ajouté : « Vous bâtirez
» une chapelle en l'honneur de la Vierge et vous
» mourrez peu après l'avoir achevée. »

» M. Javelle s'était souvenu de cette parole et il pensait bien que l'heure n'était pas éloignée

Toutefois, rien ne nous indiquait une fin prochaine. Toujours gai et toujours souffrant, M. le curé nous semblait être dans son état habituel.

» Samedi, il était encore à Dijon ; mais ne se sentant point la force de faire les offices du dimanche, il emmenait avec lui un prêtre pour le suppléer.

» Lundi, tout à coup le mal paraît s'aggraver : on mande les hommes de la science. « Il est » perdu », disent-ils. Toutefois, malgré ses questions précises et nettes, ils n'osent lui dire toute la vérité. Ce fut l'amitié qui parla.

» L'ami intime, le confident de ses peines, celui à qui souvent il avait fait promettre de l'avertir, quand sa mort serait prochaine, malgré la peine qu'il éprouvait, sut faire effort sur lui-même et lui rendit ce dernier service, *le plus grand de tous.*

» Se penchant vers lui : « Père, c'est fini », lui dit-il. — « Merci ! » répondit le malade.

» Le prêtre fut appelé. M. le curé reçut une dernière purification de son âme, une dernière absolution. Puis, on lui administra les derniers sacrements. Il les reçut avec pleine connaissance, ayant toute la lucidité de son esprit, toute l'énergie de sa volonté et répondant lui-même aux prières, puis, doucement, il s'éteignit ou mieux s'endormit dans le Seigneur.

» C'était mardi, à 3 heures du matin, en cette fête de la Purification de la Sainte Vierge, au jour où l'église chante le cantique *Nunc dimittis*, que la Mère du ciel venait prendre, comme par la main, son dévot serviteur, qui avait si bien mérité d'elle, pour le conduire recevoir sa récompense; et c'était à la veille de la fête du saint patron de cette église : saint Blaise.

» Et maintenant il n'est plus, le pasteur dévoué, le bienfaiteur incomparable, l'ami fidèle. Il n'est plus; mais, avant que se referme sa tombe, je vous demande, à vous tous qui l'avez connu et aimé, de lui garder, en vos cœurs, un souvenir impérissable.

» Je vous demande à vous, ses amis, à vous surtout, ses paroissiens, de vous souvenir de ses paroles, de vous pénétrer de ses leçons et de ses exemples et de marcher sur ses traces.

» Promettez sur cette dépouille de vivre et de mourir en chrétiens. Ayez une foi vive comme lui. Ayez sa charité. Aimez-vous les uns les autres jusqu'au pardon des injures. Imitez sa douceur inaltérable. Aimez, comme il l'aimait, votre Vierge bénie, votre Mère du ciel. « Oh!
» s'écriait-il, habitants de Velars, vous avez
» un trésor, vous avez la source de la vie chez
» vous. Tandis que des étrangers viennent et
» boivent à ces eaux et puisent à ce trésor, est-
» ce que vous vous laisseriez mourir? est-ce
» que vous voudriez être toujours pauvres?
» Priez donc Notre-Dame d'Etang qu'elle garde
» vos âmes, qu'elle y conserve la foi, qu'elle la

» ravive, vous fasse revenir aux pratiques et
» vous rende bons chrétiens. »

» Puissions-nous tous mourir comme lui !...
Avoir un ami, un ami intelligent de nos avantages spirituels qui nous prévienne que l'heure de rendre nos comptes est venue... de la sorte, du moins, nous pourrions nous purifier, nous fortifier des secours de l'Eglise et, faisant généreusement notre sacrifice, rendre notre âme à Dieu dans un acte d'amour parfait.

» Et vous, frères dans le sacerdoce, vous voudrez comme moi ressembler à ce saint prêtre, l'honneur et la gloire de l'Eglise de Dijon, comme lui servir Dieu et les âmes.

» Et tous, mes frères, nous le suivrons au ciel pour y recevoir la récompense de nos bonnes œuvres.

» *Amen.* »

TABLE DES MATIÈRES

Introduction 1

Chapitre I. L'œuvre de la Révolution 9
— II. Lente restauration du culte 31
— III. Le Père Eugène 49
— IV. M. l'abbé Roger 89
— V. Vocation mariale de M. Javelle . . . 117
— VI. Le curé et la paroisse 139
— VII. Les premiers travaux et les premiers succès du chapelain 163
— VIII. L'acquisition de la chapelle donne au pèlerinage sa physionomie définitive 193
— IX. Le monument 207
— X. Portrait et mort d'un bon serviteur de la Sainte Vierge 237

Conclusion 259

PIÈCES JUSTIFICATIVES

N° 1. Extrait d'un récent ouvrage de M. B. Prost. 265
N° 2. Disposition probable du monastère des Minimes de Notre-Dame d'Etang . . . 267
N° 3. Mémoire du conseil général de la commune de Velars qui réclame la possession de l'image de Notre-Dame d'Etang. 267

Nº 4. Délibération du conseil municipal du 20 mai 1832	271
Nº 5. Programme-type que M. l'abbé Javelle avait rédigé pour les fêtes du 2 juillet 1863.	273
Nº 6. Pieuse formule pour la consécration des enfants	274
Nº 7. Lettre de Mgr Rivet à M. le curé de Velars (1873)	276
Nº 8. Lettre circulaire de Monseigneur l'Evêque de Dijon au clergé de son diocèse (1873).	278
Nº 9. Sermon de M. Besson (2 juillet 1873).	280
Nº 10. Lettre circulaire de Monseigneur l'Evêque de Dijon au clergé de son diocèse (1874).	296
Nº 11. Lettre pastorale de Monseigneur l'Evêque de Dijon à l'occasion de l'inauguration de la chapelle de Notre-Dame d'Etang.	298
Nº 12. Eloge funèbre de M. Javelle, par M. Bizouard, curé-archiprêtre de Saint-Bénigne de Dijon	307

IMP. JOBARD, DIJON

www.ingramcontent.com/pod-product-compliance
Lightning Source LLC
Chambersburg PA
CBHW070615160426
43194CB00009B/1281